如何培养孩子的
抗挫能力

潘鸿生◎编著

RUHE PEIYANG HAIZI DE

KANGCUO

NENGLI

北方联合出版传媒（集团）股份有限公司

万卷出版公司

图书在版编目（CIP）数据

如何培养孩子的抗挫能力 / 潘鸿生编著 . -- 沈阳：
万卷出版公司 , 2021.11
　ISBN 978-7-5470-5694-3

　Ⅰ . ①如… Ⅱ . ①潘… Ⅲ . ①挫折教育—家庭教育

Ⅳ . ① G78

中国版本图书馆 CIP 数据核字（2021）第 153418 号

出 品 人：王维良
出版发行：北方联合出版传媒（集团）股份有限公司
　　　　　万卷出版公司
　　　　　（地址：沈阳市和平区十一纬路 25 号　邮编：110003）
印 刷 者：永清县晔盛亚胶印有限公司
经 销 者：全国新书华店
幅面尺寸：170mm×230mm
字　　数：170 千字
印　　张：16
出版时间：2021 年 11 月第 1 版
印刷时间：2021 年 11 月第 1 次印刷
责任编辑：李　坪
责任校对：张兰华
ISBN 978-7-5470-5694-3
定　　价：45.00 元
联系电话：024-23284442

前 言

古人云："人生不如意事，十常八九。"可见，人在一生中很难做到一帆风顺，困难和挫折在所难免。挫折是每个人要面对的问题。无数的事例已经证明，能否正确地对待挫折，将会影响一个人的人生之路。

挫折是孩子的必经之路，一个人如果没有经历过挫折，那么就是不正常的人生。但是，现在的孩子大多是在非常顺利的环境中成长起来的，是在蜜水中泡大的。他们平时走惯平坦路、听惯顺耳话、做惯顺心事，一旦遇到困难就会不知所措、失望退缩，丧失热情和信心，甚至出现逃学、离家出走、自杀或精神疾患。这说明，现在的孩子普遍抗挫折能力弱，对孩子进行挫折教育，培养其耐挫能力，提高其心理承受能力已势在必行。

美国文学家爱默生说："每一种挫折或不利的突变，是带着同样或较大的有利的种子。"著名的心理学家马斯洛也曾说过："挫折未必总是坏的，关键在于对待挫折的态度。"因此，明智的父母应该从小就对孩子进行挫折教育，让孩子在挫折中成长起来，用更豪迈的情绪去收获自己的成功。

生活中，挫折无处不在。可以说，挫折伴随孩子成长的每一步。当挫折事件发生后，如果孩子能够勇敢地面对它、自信地解决它，那么挫折事件反而是孩子成长的契机。适当的挫折教育能使孩子获得受用一生的心理素质：不怕挫折、敢于面对挑战！

法国著名教育家卢梭曾在《爱弥儿》中这样写道："人们只想到怎样保护他们的孩子，这是不够的。应该教他成人后怎样保护自己，教他怎样忍受得住命运的打击，教他不要过于在意豪华和贫困，教他在冰岛的冰天雪地或者马耳他岛的灼热岩石上也能够生活。你劳心费力地想使他不致死去，那是枉然，他终究是要死的……所以问题不在于防他死去，而在于教他如何生活。"没错，与其一辈子替孩子遮风挡雨，不如让孩子自己去面对人生中的风雨。"授人以鱼不如授人以渔"，既然挫折是孩子生活中不可缺少的"必修课"，我们为什么不抓住这个教育机会，让他在挫折中吸取教训，然后武装自己以迎接未知的挑战呢？

不经历风雨，怎能见彩虹。蝴蝶必须经历破茧的阵痛，才能使身体中的体液流到翅膀上，让翅膀变得充实、有力，从而振翅飞翔！孩子必须经历成长中的磨难，才能使内在蕴含的巨大潜力激发，让心理变得成熟、坚强，从而健康成长。本书从孩子成长的实际出发，列出他们在学习和生活过程中的常见问题，并结合心理学和教育学的知识给予解答，帮助家长找到应对孩子生活中挫折的方法。

目　录

第一章　从挫折开始长大：孩子的成长离不开挫折教育

第二章 扬起自信的风帆：让自信帮孩子战胜挫折

第三章 让内心变得更加强大：提升孩子抵抗挫折的能力

第四章 人生没有过不去的坎儿：
给孩子战胜挫折的勇气和力量

第五章 多一些生活磨炼：增强孩子的抗击打能力

第六章　把挫折看作成长的机遇：让孩子在挫折中自我成长

第七章　假如生活欺骗了你：如何让孩子更好地适应社会

第八章　不同挫折情境的应对：教孩子应对生活常见的挫折

第一章
从挫折开始长大：
孩子的成长
离不开挫折教育

不要包办孩子的事情

对孩子进行挫折教育的目的就是为了让孩子在现实生活中具有独立生存的能力，能独立面对挫折，较好地解决问题。生活中，有一些家长认为孩子年龄小，什么事情都做不好，所以什么事情都不让孩子参与，表面看起来是为了孩子好，实际上会让孩子产生挫败感，认为自己什么都做不好，所以遇到事情会畏首畏尾，没有自信心。

其实，孩子的能力是通过锻炼才能提升的，父母如果不给孩子这样的机会，孩子的能力就没有办法得到提升。父母要相信孩子，对孩子学会适当地放手，给孩子自己处理事情的机会，自然会培养孩子的独立性了。

任任是个9岁的小男生。他的房间总是十分凌乱，从来没有自己主动收拾过。每天晚上妈妈在任任睡着后，便会过来帮他整理房间，并且把他第二天上学要带的东西准备好。而每天早晨任任也都依赖妈妈叫他起床上学。如果哪一天妈妈急着上班，任任肯定就会因为睡过头而迟到。任任几乎所有的事情都是由父母代为安排的，一旦父母不在身边，他就不知道该怎么办才好……

现在的孩子由于生活条件比较优越，加上家长过多地包办与娇惯，使他们在学习和生活上依赖性很强。如：他们每天写完家庭作业需要父母逐题、逐字地检查；一碰到学习上的困难或难题，就要叫爸爸妈妈帮助；他们第二天要用的学习用具需要父母逐样准备；他们卧室的床铺需要父母整理；他们的手绢、红领巾、袜子，需要父母帮助洗净……总之，离开了家长他们就似乎一事无成。

我国著名教育学家陈鹤琴先生曾说过："凡儿童自己能够做到的，应该让他自己做；凡儿童自己能够想的，应该让他自己去想。"这是一条符合教育规律的至理名言。如果放手让孩子自己做，我们的孩子将会得到锻炼的机会，我们也会发现孩子的潜能是无穷的；如果我们一直"大手帮小手"，我们的孩子将会在无形中被剥夺许多发展的机会。

一个男孩在写给妈妈的信中强烈地表达了这样的愿望："妈妈，请把书包给我，我自己能背。尽管我的肩膀柔嫩，但应该担负起属于我的那份责任。妈妈，请撒开你的手，没有你护送，我同样能踏进学校的大门。我早已熟悉通往学校的那条小路，也会避让路上来来往往的车辆。不信，你悄悄随在我的身后，再送上一程，试一试，就会放心了。"

儿童心理学研究表明，孩子其实是喜欢自己做事情的。他们喜欢说"我能""我自己来"等。父母应该顺应孩子的天性，让孩子大胆去做感兴趣的事情。这不仅对培养孩子的自理能力很重要，同时也培养了孩子的意志力和责任感，增加他们的基本生活常识和劳动能力，使孩子学会对自己的生活和行为负责，真正地长大成人。

有一句话是这样说的："做母亲的最好只有一只手。"说的就是要对孩子放一只手，有些问题让孩子自己去尝试着解决。让孩子学会自理，自己的事情自己做，为的是促进孩子的独立性发展，这对孩子将来的学习、工作、事业乃至一生成长都是有好处的。

著名文学家朱自清曾说："要让孩子在正路上闯，不能老让他们像小鸡似的在老母鸡的翅膀底下，那是一辈子没出息的。"任何一位父母都不可能包办孩子的一生。孩子的将来，包括学习、工作以及事业的成功，都要靠他们自己去闯、去努力、去奋斗。而这一切，没有自立自强的意识和精神，是很难取得满意结果的。父母应该明白，独立既是生存的需要，也是孩子成长中的必然一课。

1. 尊重孩子的独立意识

孩子的人格是落地生根的，每一个孩子都是一个独立的个体。从呱呱坠地到长大成人，孩子就已经拥有自己的独立意识，这种意识是孩子独立自主的先决条件。所以，父母要尊重孩子的独立意识。在孩子主动要求做一些事情时，不要因为孩子小而不予支持，从而导致孩子自己动手的意识在萌芽状态中就被扼杀了。

2. 让孩子从小事做起

培养孩子独立性，不要忽略孩子身边发生的日常小事，小事往往会对孩子自立自强能力的培养发挥巨大的作用。所以，作为父母，不要剥夺孩子的权利，而要让他自己去完成、去锻炼。比如，从小单独在自己房间居住、自己整理房间的卫生、为父母分担家务、计划安排自己的假期时间并执行等。在这些活动过程中，他们往往会遇到困难挫折，在独立解决这些挫折时，会使他们逐步成熟起来，提高独立处世的能力。

3. 相信孩子的能力

每个孩子都是能干的，有些家长不相信自己的孩子，觉得自己孩子这样不行、那样不行，或担心这样不会、那样不会，很多事都替孩子做好，不让孩子做任何家务。究其原因主要是家长不相信自己的孩子。其实，孩子并不像家长想的那样，什么也做不好、干不成，只要家长相信他，放手让他去干，也许你会得到一个惊喜。不让孩子尝试，孩子永远也独立不了。到最后就真的什么也做不成、干不好了。所以，家长要相信孩子的能力。

4. 让孩子体验一些挫折

家长的大包大揽会让孩子变得意志不坚定、心理承受力差，稍遇打击或挫折就会自暴自弃甚至走向极端。所以，一定要让孩子多经历一些挫折，然后再鼓励他去克服并战胜它们，这样他才会越挫越勇。

让孩子为错误承担责任

　　责任心是一种道德素质和能力要素，它影响孩子的学习和智力的开发，同时，它也是一个人以后能够立足于社会，获得事业成功、家庭幸福的至关重要的人格品质。

　　现在许多父母注重孩子的智力开发、才艺培养，却往往忽视了对其责任感的关注，这对孩子的成长成才不利。美国品德教育联合会主席麦克唐纳曾说："能力不足，责任可补；责任不够，能力无法补；能力有限，责任无限。"对孩子进行责任意识和责任感的教育就是让孩子学会对自己负责，对他人负责，从而对社会负责。

　　责任心是孩子健全人格的基础，是能力发展的催化剂，也是挫折教育的重要内容之一，家长应用自己的爱心、耐心和智慧去培养孩子的责任心。

　　1922年7月4日（美国独立日）前夕，一个11岁的小男孩用某种方式得到了一些禁止燃放的爆竹，其中包括威力很大的掼雷。下午，他来到罗克河大桥旁，背靠桥边一堵砖墙甩响了一只掼雷。随着一声震耳欲聋的巨响，他正在扬扬得意时，一辆汽车驶过来，司机命令他上车。

　　"爸妈教导我不要上陌生人的车！"小男孩拒绝说。直到司机亮出了警徽，他才听命上车。

　　到了警察所，他被带去见所长，他认识那位所长，他经常和他父亲一起玩纸牌游戏。当然他希望得到宽大处理，但所长马上给他父亲打电话，把他的劣迹告诉了父亲。不论交情如何，父亲必须付12.5美元的罚金，这在当时可是一笔数目不小的钱。所长严格执行了禁放爆竹的规定。

事后，父亲知道了事情的原委，但父亲并没有因为他年龄小而轻易原谅他，而是板着脸深思老半天不发一言。母亲在旁"开导"，父亲只冷冰冰对孩子说："家里有钱，但是这回不能给你，你应该对自己的过失负责。这12.5美元是我暂借给你的，一年以后必须还我。"这件事迫使小男孩到处打零工偿还他欠父亲的债。

为了还父亲的债，他边刻苦读书，边抽空辛勤打工挣钱。由于人小力单，重活做不得，便到餐馆洗盘刷碗，或捡破烂，经过半年多的努力，终于挣足了12.5美元，他自豪地把钱交到父亲的手里。父亲欣慰地拍着他的肩膀说："一个能为自己过失负责的人，将来是有出息的。"

后来那个小男孩参加总统竞选，并成功当选，他就是罗纳德·里根。

里根在回忆这件事时说，通过自己的劳动来承担过失，使他懂得了什么叫责任。

培养孩子的责任心，也就是应当要求孩子勇于对自己的言行负责。不论孩子有什么样的过失，只要他具备承担责任的能力，就要勇敢面对，不能让他逃避和推卸，更不能由大人越俎代庖。

责任心是促使孩子向上奋进的内部动力，是孩子赢得成功的催化剂，培养孩子的责任心是孩子成长的必修课。

著名教育家蒙特梭利夫人曾说："必须教育孩子懂得他们不同的一举一动能产生不同的后果，那么随着时间的推移，孩子们一定会觉得很有责任感的。"作为父母，应该从孩子懂事的那一天开始，就把对他责任感的培养渗透到养育他的每一个细节。让孩子从小就明白：必须对自己的言行举止负责，必须逐渐学会承受生命中的一些分量，必须成为一个有责任感的人。

有一位妈妈发现自己的儿子出什么差错都不反思自己的问题，总是责怪别人，于是想着应该让孩子学会找找自己的责任。

有一次，儿子要在周六去参加学校的奥林匹克数学比赛。平时，儿子的数学成绩非常好，而且又善于动脑筋，这个比赛取胜的可能性太大了。

周五晚上，儿子像平常一样，放学回家后就去跟同学踢球了，然后看电视、读课外书一直到11点才睡。周六早上，每次都要睡到9点多才起床的。这天，妈妈硬着心肠不叫他，结果，儿子果然9点才睡醒。等儿子赶到学校的时候。考试已经开始了。由于儿子迟到了快一个小时，考试成绩可想而知。

儿子回家后非常沮丧，责怪妈妈没有叫他早点起床，使他在这次考试中失败了。

妈妈却对儿子说："儿子，你明明知道周六要去参赛，为什么不早睡？妈妈周六要去加班的时候，有没有要求你来叫醒我？你总习惯别人提醒你做你自己的事。但是，别人是不可能一辈子提醒你的，你要学会自己提醒自己，自己的事情自己负责！"从此以后，这个孩子记住了教训，成为了一个有责任感的孩子。

孩子处于成长之中，对一些事情往往没有责任感，所以为了培养孩子的责任心，家长可以适当地让孩子品尝一下办事情不负责任的后果，教孩子如何去面对并接受这次失败的教训，从中获得成长。

培养孩子的责任心不是一朝一夕的事，是一个漫长而反复的过程。父母必须高度重视，从小抓起，从小事做起，让孩子在有责任感的氛围下快乐成长，在潜移默化中得到责任心的培养，养成良好的责任意识，从而培养孩子健康的人格。

1. 多给孩子承担责任的机会

孩子是在体验中长大的，多让孩子承担一些责任，是培养孩子责任感的最佳途径。父母可在日常生活中，通过提供和创设各种履行责任的机会来对孩子负责任的意识进行培养。例如，要求孩子必须对自己居住的环境负责，提出整理内务、打扫清洁等目标，看他是否能自觉地、坚持不懈地做好。

只有多为孩子提供实践的机会，孩子才能逐渐提高自身的责任意识，孩子通过做事就会得到对"责任"的一种宝贵的心理体验，这样的心理体验多了，孩子的责任意识自然得到强化和提高。

2. 让孩子自己承担过失的后果

没有惩罚的教育是不完整的教育，没有惩罚的教育是一种虚弱的教育、不负责任的教育。当孩子犯了错误时给予适度的惩罚，让其以自己的行动弥补过失，就会达到"自食其果"的教育目的，使其记住教训，懂得对自己的过失负责，以养成可贵的责任心。譬如，孩子不小心打碎了花瓶，一时冲动伤害了别人，粗心大意造成了麻烦等。发生这类过失的时候，父母不应该责怪孩子或袒护孩子，应让孩子自己负责。

3. 父母言传身教

父母的责任心水平可以折射出孩子的责任心。一个对家庭、社会毫无责任感的父母，不可能培养出有责任心的孩子。父母在生活中所表现的责任感的强弱，是孩子最先获得的责任感体验。所以说，父母只有在生活中严以律己，给孩子做好表率，才能更好地去影响和教育孩子。

舍得让孩子去吃苦

常言道："吃得苦中苦，方为人上人。"但现如今的大多数孩子没有吃苦精神，心理承受能力也比较差，一遇到困难就畏缩不前，经不起挫折磨难，经受不住压力。其实，为了孩子健康地成长，从教育的角度讲，家长应该注重对孩子进行吃苦教育，努力培养孩子适应各种环境的能力，使孩子从小具有良好的意志品质。

19世纪俄国著名作家屠格涅夫说："你想成为幸福的人吗？那么首先要学会吃苦。能吃苦的人，一切的不幸都可以忍受，天下没有跳不出的困境。"纵观历史，从古至今，凡成大事者无一不是从吃苦中走来的。一个人没有吃过苦头，没有必要的历练，很难挑重担，也很难有大的作为。

一位出身贫寒农家的著名生物学教授，在他26岁那年就取得了博士学位，28岁时被破格晋升为教授，时隔两年，便获得了联合国青年科学家奖，成为获此殊荣的第一位中国公民。

在如此短时间内，取得漂亮的"三级跳"，真是令人惊叹。这一番成绩的取得，来自于教授从小到大从父母那里接受的吃苦耐劳的教育和培养。

由于家境清贫，这位教授直到9岁那年才上小学，在入学前一直帮父母干农活。

或许在一些人看来，他将很多潜能开发的时机都错过了，但这位教授却不这样认为，他说："学前教育很重要，学前的4年劳动，我起早摸黑在大自然熏陶下成长，空白的仅是文化，因为我年龄大一些，一入学就很用功。由小学到大学，我都担任班干部，14岁入团就当团支书，社会工作锻炼了我的组织能力，增强了我的自尊心和自信心。"

正是凭借着这股子自尊心和自信心，他用了仅仅17年的时间，就顺利完成了小学至博士的学业。当有年轻人向他抛出"你是否绝对聪明"的问题时，他只用4个字来回答："我很刻苦。"在他看来，吃苦耐劳的精神是一个人能否成功的关键所在。

俗话说："人不吃苦枉少年""嚼得菜根，百事可做。"生活本来就有苦有甜，每个人都应该能够自然而然地感受到这一点，并从中获得教益和锻炼。

生活中吃点苦很正常，没什么大不了的；只有具备不怕苦的精神，一个人走向社会，面对现实生活时才能勇往直前，并在艰难困苦的奋斗中开拓自己的事业，实现自己的理想。

吃苦是人生的一笔财富。让孩子吃点苦是对他的毅力和生活能力的一种磨炼，不能吃苦的孩子很难对现实有深刻的了解和理解。对孩子适当进行吃苦教育，是一种"大爱"的表现，是对孩子负责的表现，是有助于孩子成长的表现。

从孩子的成长规律看，儿童和少年时期是人生的基础阶段，家长有意识地创造一些条件，对孩子开展吃苦教育，非常重要，也有必要。因为人生道路是曲折的，每实现一个目标都需要努力奋斗，要奋斗就需要有一种勇于吃苦的精神。

吴章鸿女士是全国优秀家长，是"感动中国十大母亲"之一、家庭教育专家、全国家庭教育讲师团的成员、少先队全国工作委员会特聘"志愿辅导员"。在教育孩子方面，她就特别有意识地让孩子吃苦，她这样自述：

我有意识地让我孩子去打工，有意识地让我孩子去吃苦。我举个例子说：小学生放了暑假，孩子们都在家休息，我却领上孩子，戴上草帽和我一起去采买店里所需的东西。我们住在郊区，要走很长一段路，再坐两次公交汽车，才能到汉口的闹市区。我们所采购的东西有玻璃棒、漆包线、绝缘线、电阻、电容等，出去一次不容易，就希望把所有的东西都买齐，东西是越买越多，越来越重。我和孩子是肩扛手提，汗流浃背，冒着40℃的高温，走在滚烫的柏油马路上。

很多家长也许会说，坐不起出租车，打个三轮车也行。我就是不坐，为什么？苦难磨炼，要让孩子懂得赚钱的艰辛，让孩子知道他的生活费来之不易，让孩子懂得生活并不容易。所以我坚持和他步行到车站。到了吃中午饭的时候，我们就找一个有树荫的地方蹲下来，拿出自己在家里准备好的干粮，就着白开水吃。为什么？省钱哪，我对儿子永远的理念是什么？粗茶淡饭，衣着朴实。

回到家吃晚饭的时候，我问儿子："今天和妈妈出来打工，感觉怎么样？"孩子就说："太苦了，又饿又累，这比我在家里吹电扇、看电视、做作业辛苦一百倍。妈妈，这真是太受罪了。"我马上接过儿子的话说："你说得对，但是为了让你接受好的教育，妈妈必须长年累月地这样干下去，也让你从妈妈身上学会坚毅，学会坚强地面对困难。"

吃苦是一种能力，一种重要的生存能力。让孩子吃些苦是为他们将来的人生旅途走得平稳顺畅做加油充气、储能蓄势的准备，让他们踏入社会后，在风雨人生中充分实现自身价值。吃苦能力越强，孩子的生存空间就越大，所以从小就得让孩子尝些"苦头"。

当然，对孩子的吃苦教育一定要讲究方式方法。"吃苦教育"重在吃苦的过程中给孩子以教育，而不是为了让孩子吃苦而吃苦。正确的做法应该是"凡是孩子自己能做的事，让他自己去做"，将"吃苦"自然而然地融入孩子生活的全过程，在潜移默化中锤炼他们的意志和品格。如此，孩子长大以后，才能更好地面对困难、承担责任，用自己的双手和智慧自主创造美好的生活。

1. 不给孩子过于充分的物质条件

无数的事实证明，如果父母给予孩子太多太好的物质生活和享受，他就会永不休止地光顾着索取，而忘记了奉献和创造；如果父母时刻为他们遮风挡雨，他们就会变成养在笼子里的"金丝鸟"，永远地丧失展翅高飞的能力。所以，一定要让孩子在必要的"苦"中得到锤炼，让他从小就明白生活的艰辛，才能培养出他坚毅的性格、吃苦耐劳的精神和自立自强的品质。

2. 为孩子创造一个吃苦的机会

吃苦耐劳是我们中华民族的传统美德。这种美德不是先天形成的，而是后天培养、自我锻炼的结果。所以，父母要下"狠心"，一定要让孩子吃点苦，这是父母培养下一代的一条重要途径。生活中，父母可以经常有意识地为孩子创造一个吃苦的环境，以此来培养他坚韧不拔、百折不挠的意志。否则，孩子就会因为缺乏吃苦的锻炼而无法拥有生活的本领，难以立足社会。

3. 让孩子多经历生活的磨炼

我们给孩子再好的教育，都不如让他亲自去承受一些摔打，去经受一些历练，感受一下生活的艰辛和成人世界的"不容易"。父母可以从日常生活中的小事做起，要孩子完成适当的家务，如打扫卫生、洗碗、整理房间等，也可以要孩子参加社会实践，如卖报纸、农村生活体验、夏令营、与农村孩子交朋友等形式的活动。只有经过生活的磨炼，让孩子真正感受到生活的不易，才能发现自己生活的珍贵，才能明白幸福生活要靠自己去努力才能得到。

鼓励孩子勇于尝试

尝试是迈向成功的第一步，也是迈向社会的第一步。德国著名教育专家舒马赫曾说过："给孩子多多提供尝试机会也是实施挫折教育的有机组成部分。孩子一旦被剥夺了尝试的机会，也就等于被剥夺了犯错误和改正错误的机会，因此也不可能迈向成功之路。"的确，在孩子很小的时候，父母尽量多给予他们尝试的机会。让他们有一些适度的挫折，从而肯定他们某方面的能力是极为重要的。

尝试对于孩子的成长非常重要，可以让孩子接触到他以前不知道的东西，让他能够学会以前不懂的东西，从而增加他对新鲜事物的体验和认知，以更好地融入社会。

　　一个男孩与母亲一起经过一个路口，那里似乎有一条小路若隐若现，男孩想走一下那条小路。

　　正当他要迈步时，母亲拦住他说："孩子，不能走那条路！"

　　"为什么？"男孩问道。

　　"我就是从那条小路走过来的，很难走。要知路好不好走，你要问过来人啊！"母亲说。

　　"既然你能从那条路上走过来，那我为什么就不能走呢？"男孩有些纳闷了。

　　"我不希望你走弯路。"母亲很严肃地说。

　　"我不怕，我要走走试！"男孩的语气很坚定。

　　母亲看看孩子，叹了一口气说："你这孩子太倔强，那条路很难走，你要小心啊！"

　　于是，男孩兴致勃勃地上路了。走在路上，孩子发现妈妈果然没有骗他，那条路的确难走。有好几次男孩都想停下来，但他选择了咬牙坚持。最终，他走过了那条小路。

　　常言说得好："抱大的孩子不会走。"孩子在成长的过程中会经历许多人生的第一次，必然要尝试许多事情。只有放手让孩子大胆地不断尝试，他们才会获得生活的体验与成功的喜悦。如果父母出于保护孩子的目的，而剥夺了孩子尝试的权利，那么，孩子就永远无法迈出第一步，更无法取得进步。

　　任何事情都是从尝试开始的，孩子对世界的一切事物都有自己的想法，他们对一切的事物都充满了好奇和新鲜感，可是他们又怀着一种恐惧，因为陌生、因为害怕做错被父母责骂等原因，只能望而却步，不敢尝试。这个时候父母首先要用赏识的眼光看待他，鼓励孩子尝试一下，父母可以说："你去试试吧，相信你能够做好的。"这样不断鼓励孩子去尝试，孩子才能在尝试的过程中获得成功的体验，树立信心。

　　水壶放在煤气灶上，壶里的水被烧得滋滋响，父亲用一块手巾垫在手下，把壶拿了下来。

　　5岁的儿子看见了也要做。对于他来说，这是件非常危险的事，不但可能烫到手，还可能会把整壶水倒到身上，造成大面积烫伤，甚至由此引发生命危险。父亲知道，儿子对已烧开的水壶很感兴趣，他原本也同意像妻子所说的那样，不让儿子接近水壶就行了。可是，他能保证儿子在自己视线之内，不动那装满了开水的水壶，但谁又能保证，儿子在大人们的视线之外，不去动那个水壶呢？因此，父亲决定，教儿子正确的拿水壶的方法，让他知道，会发生什么危险，并具备躲开这种危险的能力。

　　父亲把水壶里的水换了温水。告诉儿子，水开时的水汽会将水壶把蒸热，所以要垫上毛巾才能拿，水很热，要注意，不能让水壶倾倒下来。第一次尝试时，半壶水都倒在了儿子身上，由于是温水，所以只不过烫红了儿子的胸膛和手臂。

　　"这是因为你的力气不够，"父亲说，"你需要用两只手。"

　　说完，父亲又为他换了壶温水。"不，爸爸，我再也不拿水壶了，"儿子胆怯地后退着，"我知道，这很危险，我再也不碰了。""你一定要再试一试，你有这个能力。"父亲鼓励他，"用我教你的方法，你一定行的。"

　　在父亲的指点下，儿子又试了一次。这次，他安全地把水壶取了下来。

　　父亲的想法非常简单："要给孩子失败的机会，面对失败，一次次改正错误，直到成功，这不只是教孩子学习并掌握能力，同时也是教他一种人生态度。"他成功了，因为他的想法是正确的。

　　对于孩子来说，尝试和探索都是一种学习的机会，只有在不断地尝试和探索中，孩子才能不断地学习到为人处世的各种方法，才能增强孩子的自信，提高孩子的能力，促使他向更高的目标迈进。作为家长，要善于做生活的有心人，善于捕捉生活中的小事情加以引导，鼓励孩子不断去尝试，不断去体验，不断去挑战自己。

1. 让孩子自己去体验

有时候，家长很想把自己的经验全部传授给孩子，可是孩子就是听不进去，就是想亲身体验一下。对于这种情况，只要孩子不会有危险，而且不危害别人，家长不妨让孩子一试。对于孩子来说，自己切身去体验比父母讲一大堆道理印象要深刻得多。

2. 为孩子提供尝试的机会

给孩子多提供尝试机会是挫折教育的一个有机组成部分。原因很简单：孩子一旦被剥夺了尝试的机会，也就等于被剥夺了犯错误和改正错误的机会，也不可能迈向成功之路。所以，父母应该给孩子创造机会，让他去尝试，以此来培养他自己做选择和处理问题的能力。让他在尝试的过程中感受失败，这样，他就会从失败中吸取教训而成长起来。

3. 教会孩子直面失败

一般来说，不愿意尝试新事情的孩子一般都是不愿意接受挫折和失败，所以教会孩子直面失败是很重要的。要让孩子明白，要想有所发现就必须大胆地进行各种尝试，虽然这些尝试可能会以失败告终，但是要不断总结教训，在总结的过程中就会找到全新的方法。所以，即使是失败了也要鼓励孩子继续大胆尝试，这样孩子才有机会体会成长。

4. 及时鼓励和赞赏

当孩子主动尝试去做某件事的时候，不要斥责和阻碍孩子合理的要求和尝试，父母应该给予鼓励，并给予相应的指导。例如，"没事的，来试试吧，但要注意……"这可以避免孩子受到不必要的伤害，同时还能增强孩子的自信心，提高能力。

要孩子不放弃追求梦想

童年是一个放飞梦想的人生阶段。带着对世界的懵懂认知，每一个孩子逐渐有了自己的价值取向，有了对未来的憧憬和期盼，有了人生中最纯真的梦想。

梦想是人生的一部分，有梦想的人生才是完整的人生。英国著名物理学家斯蒂芬·霍金曾说：如果一个人没有梦想，无异于死掉。因为我有梦想，所以我活着！梦想具有神奇的能力。人一旦有了梦想，即使前方艰难险阻，也无法阻挡他前进的脚步。

有一个小女孩，居住在纽约州的一个小镇上。从很小的时候起，她就有一个梦想：长大以后要做一名出色的演员。邻居和亲友听后都笑她不切实际，认为她的理想不过是小孩的空想而已。

然而，她却为了自己的理想不断地努力，向理想不断地靠近，18岁那年，她终于考入纽约市的一所艺术学校。在学校里，她丝毫不放松，刻苦学习，她相信自己将来一定能够成为一名好演员。可是，尽管她付出了很多，她的成绩并不尽如己意，因为在这所学校里有很多天资聪明的优秀学生。3个月过去了，有一天母亲收到学校写的一封信："我们学校曾经培养出许多一流的男女演员，我们为此而骄傲，可是，您的女儿毫无艺术天赋和才能，这样的学生我们从未接受过，她不能再在本校学习了！"

女孩不甘心就这样被踢出校门，更不甘心就这样放弃自己的理想。在后来的两年中，她为了生计，在纽约城干杂活，女招待和服务员等工作她都做过。

在工作之余，她还申请参加剧院的彩排，而且彩排没有一分钱的报酬。即使这样，在公演前一个晚上，演出老板却对她说："你缺乏艺术细胞，也没有什么表演才能，你走吧！"这句话无疑是扎在她心头的一根刺。

两年之后，她得了肺炎，病魔几乎搞垮了她的身体。因为付不起昂贵的药费，她只能住进一家医疗条件很差的慈善医院。不幸的是，在入院的第三个星期，医生告诉她，这辈子她可能再也不能行走了，肺炎使她腿上的肌肉萎缩了。在这种境况下，她不得不重返曾经从小生活到大的那个小镇。在母亲的鼓励之下，她坚信自己总有一天会重新走路。

母女俩在一位本地医生的帮助下开始进行恢复腿部力量的计划。最初，在她的腿上加重20磅，双腿绑上夹板，她试着用拐杖支撑行走。她经常摔倒，她的手臂也因为摔跤而变得惨不忍睹。面对母亲含泪的双眼，她总是强忍着剧痛，一次一次微笑着站起来。就这样，接下来的每一天，她都在不间断地练习。终于在两年之后，她能够行走了。虽然走路时略有不适有点跛，但是她可以通过对身体的调节，别人几乎看不出来。23岁那年，她重新回到纽约继续追寻着自己的梦想。在以后17年的时间里，她一直碌碌无为，但是她并没有因此而放弃，直到40岁的时候，她才在一部影片中得到一个配角。然而正是因为她的坚持不懈，上帝终于眷顾了她，她朴实的表演打动了亿万观众的心。在此之后，她终于迎来了成功，成为美国乃至世界演艺界著名的人物，她就是露茜。

只要不放弃自己的梦想，就会抓住希望。在实现梦想的过程中，不管多么坎坷艰难，只要不断努力，就会等到自己想要的结果。任何一个拥有梦想的人，都会在历经苦难之后看到光明和希望。

梦想是一种追求，一种对未来生活的美好向往。正是基于这种追求和向往，人们前赴后继，努力奋斗，并将梦想变成了现实。对孩子来说，梦想更是他们自信的体现，对他们的成长具有强大的牵引和激励作用。

多彩的梦想是人生宝贵的财富。人的一生能走多远，在很大程度上取决于童年的梦想有多大。有梦想的人天地就广阔。梦想一旦萌发，就梦牵魂萦，无论能不能实现，都始终是一种激励。根据对爱因斯坦、达尔文、毕加索等人的研究表明，他们在童年时期，几乎都被一个绚丽多彩的梦想伴随着。在这种梦想的驱动下，他们坚定自己的信念，充满成功的力量，不断地向着那些儿时的梦想前进再前进，最后梦想成真。

喜欢NBA的朋友，恐怕没有一个人不认识蒂尼·博格斯的。他的身高只有160厘米，即便是在亚洲人的眼里也只算得上是"矮子"，更不要说是连两米的身高都算矮的NBA赛场了。然而，这位据说是NBA历史上最矮的球员，却是NBA里表现最为杰出、失误最少的后卫之一，不仅控球一流、远投精准，甚至面对大个带球上篮也毫无畏惧，为自己赢得了"矮子强盗"的美誉。

当然，博格斯不是什么篮球天才，他能取得如此优秀的成就，靠的就是驰骋体育赛场的梦想。尽管博格斯从小就比同龄的孩子矮小许多，但他对篮球的狂热达到了痴迷的程度，天天与小伙伴们在篮球场上拼杀一番是他最大的享受。这完全是因为他心中埋藏着一个远大的梦想——进入NBA，因为NBA是所有喜欢篮球的少年的梦。当博格斯向自己的同伴说起"我长大后要打NBA"这个美梦时，同伴们听后都会忍不住哈哈大笑："哎哟，笑死我了，像你这样的矮子是绝无可能进入NBA的，因为NBA的球员身高最矮的都是2米以上，你才多高？"

不怀好意的嘲笑并没有破灭博格斯那个远大的梦想。为了心中的这份梦想，他付出了超过别人想象的努力去练球，并最终成为NBA球员，成为了最佳控球后卫，也成了篮球明星！博格斯说，从前瞧不起他的同伴，现在却逢人就炫耀："小时候，我是和博格斯一起打球的。"的确，要是博格斯因为同伴的讽刺而失去自己的信心，放弃这份美好的梦想，就不会有叱咤NBA赛场的光荣。

几乎每个孩子都有自己的梦想，儿童心理学家认为，梦想是孩子自我形象的理想化。当他们谈到自己的梦想的时候，往往会神采飞扬，信心满满。只要是孩子的梦想，就一定是世界上最具有价值的珍宝，它将带领孩子充满憧憬地去面对学习中的任何一个困难。

国外有这样一句谚语："一个确定的理想是成功的一半。"孩子只有有了梦想，才会有一个奋斗的方向，才不会在成长中迷失自己。因此，家长要激励孩子，让他勇敢去追求自己的梦想。

1. 呵护好孩子的梦想

孩子喜欢幻想，也许孩子的许多幻想离现实太远，或者根本无法实现，但富于幻想是孩子最可贵的地方。当你的孩子宣布他想成为斗牛士或是特技演员时，父母不要说"孩子不能干那个"或"那是个危险的工作"，可能未来的斗牛士会因此而放弃自己的梦想。所以，父母不要轻易评价孩子的梦想，因为你不经意间的一句话可能就会扼杀掉他美好的梦想。此外，不管孩子的梦想对你来说是多么稀奇古怪，你都不要嘲笑他们，而应该鼓励和表扬他们。

2. 鼓励孩子不放弃梦想

每个孩子都有很多梦想，但实现梦想的道路是曲折的。家长要教育和鼓励孩子：坚持梦想，不要轻易放弃梦想。生活中，父母可以经常与孩子谈论自己的梦想，谈谈自己在实现梦想的过程中遇到的困难以及自己是如何去克服的。在这个过程中，父母可以把关于坚持梦想的一些道理自然地讲给孩子听。同时，讲讲伟人的故事以及身边人的故事，也是非常有效的。

3. 引领孩子实现梦想

父母是孩子的人生第一导师，是呵护梦想的第一责任人。为了帮助孩子美梦成真，父母应该担任孩子成长的引路人，在孩子追梦的过程中，不失时机地帮助他们、督促他们、鼓励他们，当他们的知心伙伴，和他们携手同行，让他们少走甚至不走弯路。比如，当孩子为实现梦想无从着力时，我们要帮助他们制订圆梦计划，给他们提供一些可行的建议和支持；当孩子在实现梦想的道路上遇到挫折时，我们要告诉他们学会坚强和忍耐，给他们以心灵的慰藉、温暖的鼓励和坚持的信心……

　　总之，实现梦想从来不是一蹴而就的，一个人成长的根本动力还是在于自己，父母只需要帮助孩子去释放他本身的生命力。

从溺爱孩子的旋涡中摆脱出来

　　孩子的任性、脆弱、独立性差等问题，最初的起源多半都是家庭的过度溺爱、百依百顺造成的，以至于在孩子一遇到挫折时就不知所措。在生活中，我们经常可以听到这样的话："我们的童年过得很艰辛，再不能让孩子经受我们的那些磨难了。""现在条件好多了，又只有一个孩子，无论如何不能让孩子吃苦受累。"正是怀着这种想法，许多父母都尽其所能地从各方面满足孩子的需求，包括一些不必要的甚至是无理的要求，代替孩子完成一些理应由他们自己完成的事，如做作业、干家务、值日扫地等。他们尽力把孩子的生活道路铺得平平顺顺的，似乎这样就能保证孩子幸福健康地成长。但是事实上，父母的这种观念会给孩子带来很大的危害。

　　高尔基说过："溺爱是误入孩子口中的毒药。如果仅仅是为了爱，连老母鸡都能做到这一点。"的确，疼爱孩子是父母的天性，但如果毫无原则地爱孩子，不仅对孩子无益，反而会因此而剥夺了他体验生活、经受挫折、尝试失败的权利，使得孩子从小只会享受，不知奉献；只会爱自己，不会爱别人，最终形成自私、任性等不良个性。

　　英国著名教育家洛克在《绅士的教育》一书里有这样一段话："被溺爱

的孩子必定学会打骂人，他哭着要什么东西，便一定要得到，他心里想做什么事情，也一定要去做。如此一来，父母自己在孩子幼小的时候呵护他们，把他们的本性弄坏了，他们自己在泉水源头下了毒药，日后亲尝这毒药，却又感到奇怪。"

周涛的父母是当地的企业家，通过辛苦打拼，成立了一个外贸公司。周涛是家里的独生子，平时妈妈对他十分娇惯。周涛在学校整天不学习，眼看快要到高三了，妈妈觉得儿子在国内也不会考上一所好大学，于是就和周涛的爸爸商量，决定把儿子送到国外去接受教育。

一向被娇宠的周涛听到这个消息，非常不乐意。他对妈妈说："我不去国外，我吃不惯那里的东西。"

妈妈劝他说："儿子，让你去是为了你好。妈妈不会让你吃苦的，妈妈会给你存上钱，然后定期给你寄好吃的。"

听妈妈这样说，他才同意出国。但是随后又说："如果我觉得太苦了，受不了了，我就马上坐飞机回来。"妈妈搂着周涛说："妈妈不会让你吃苦的，妈妈赚钱为什么，不就是为了你吗。"

留学的地方是英国，每年的花费十分的高昂。周涛到了英国后，根本就不好好上课。他开始了自己的旅游计划，找了几个中国朋友，隔三差五地就和他们去旅游或者吃喝。一切费用都是周涛负责，对此周涛打电话跟妈妈说："我第一次来到这里，对什么都不熟悉，语言又不通，特别想家，所以一定得多交几个中国朋友。"

母亲心疼儿子，又给他寄去一笔钱，并告诉儿子支持他找朋友的做法。周涛整天和几个朋友游玩，根本不想学习。而且还常常坐头等舱。回国他跟自己的朋友说："经济舱根本没办法坐人，那么拥挤。"

周涛回家就是为了能吃到中国菜。他对父母说："我根本吃不了英国的东西，我吃两天就开始想家里的菜了，实在忍不住只好跑回来吃一次。妈妈我要不是为了你，我才不去国外呢！"

周涛每次回家的花费都在一万元左右。除了学校放寒暑假外，每年都要回家五六次。爸爸曾经对儿子这样的做法有意见，但是妈妈说儿子想回来就回来吧，她有钱让儿子享受这个待遇。

但是，天有不测风云。有一年周涛的父母做生意的时候，资金周转出现了问题。妈妈跟周涛说自己遇到了困难，希望得到儿子的支持。但是娇生惯养的周涛根本不知道什么是困难，他还是按照原来的习惯大手大脚地花费。

周涛在妈妈面前这样说："妈妈，你得想办法赚钱啊，我已经吃惯了好东西，穿惯了名牌衣服，如果没有这些东西我就没法生活。"妈妈看着周涛的表情，想着平时对儿子无度的宠爱，终于流下了后悔的泪水。到这个时候她才明白，正是自己无节制的溺爱，才让孩子变得如此无能，遇到问题没有办法自己解决，只会退缩回来求助。"如果让我重来，我一定不会再溺爱孩子了，"她后悔地对朋友说，"可惜，世间没有后悔药。"

这就是溺爱的结果。溺爱同溺水一样，对孩子的成长来讲，是十分危险的。一个在溺爱环境中长大的孩子，别指望他将来会有出息。正如法国教育家卢梭所说："你知道运用什么方法，一定可以使你的孩子成为不幸的人吗？这个方法就是对他百依百顺。"

中国有一句古话："惯子如杀子。"可以说是非常中肯。溺爱并不是爱孩子，而是把孩子往火坑里推。被溺爱的孩子很难遵守规矩和约束，他们以自我为中心，凡事只会想到自己，自私自利，会以为规矩都是为别人制定的，与他们无关。苏联著名教育学家马卡连柯说："父母对自己的子女爱得不够，子女就会感到痛苦，但是过分的溺爱虽然是一种伟大的感情，却会使子女遭到毁灭。"父母在教育孩子的过程中，应该保持理智，理智是家庭教育中常备的节制器，否则，孩子们就会在父母最好的动机下，养成最坏的习惯。

爱孩子不能没有原则，爱不是简简单单地给予，"爱"需要施"爱"者理智。任何爱的行为都不应想当然地给予，而应在深思熟虑之后才做出决定，只有给予孩子合理的、正确的爱，才能让孩子拥有好性格。

董建华是香港特别行政区原行政长官，也是世界船王董浩云的儿子。虽然董浩云是大富豪，但他对少时的董建华要求十分严格，从不溺爱娇惯。深知父亲苦心的董建华从不因为自己是船王的儿子就骄蛮、奢靡，而是过着十分简朴的生活，读书时每天乘公交车往返于校园和住所之间，潜心于学业。

董建华毕业之后，大家都认为董浩云会送他出国深造或者直接掌管家族企业，但令人惊讶的是，董浩云竟然安排儿子进入美国通用汽车公司当了一名普通员工。他是这样对董建华说的："儿子，我不怀疑你是个有理想的人，但我担心你的刻苦精神不够，你不要想到自己有了依靠就可以高枕无忧，你必须自己主动去找苦吃，磨炼自己的意志，接受生活对你的种种挑战，并战胜它。"

正是父亲的这些话，让刚出校园的董建华踏实勤恳地在美国通用汽车公司干了四年。在此期间，他不仅学到了先进的管理经验，也学会了与各色人等如何打交道，还培养了吃苦耐劳、不怕困难的精神，为他日后走上政坛打下了坚实的基础。

父母对孩子的爱是伟大而无私的，只是凡事要有度，适度而行。正确的爱对孩子的健康成长起着很大的促进作用。所以，我们父母只有知道如何爱孩子，把握好爱的尺度，才能使孩子在父母的关怀中茁壮成长，也才能让孩子学会如何正确应对学习和生活中遇到的各种问题。

1. 不要凡事以孩子为中心

爱孩子要适可而止，不要什么时候、什么事情都围着孩子转，时间一长，孩子就会产生一种以自我为中心的思想，凡事都必须以他为先。家长们要试着把关注的重心从孩子身上挪开，分散到其他的人和事情上。

2. 对孩子的无理要求说"不"

面对孩子的无理要求，家长们要硬起心肠说"不"。如果因为害怕孩子无休止的哭闹而一次次地妥协，孩子就会慢慢知道父母的软肋，今后再想要教育孩子就会很困难。只要在一开始就采取果断的态度，就能够避免放任孩子一直耍无赖。

3. 让孩子学会独立

孩子渐渐长大，家长们就要学着放手，让孩子独立自理，学会面对，学会坚强，学会担当。从学会自己穿衣、吃饭、洗漱，到帮助家里打扫卫生、烧菜洗碗、洗衣服，只要是他们力所能及的，就让他们去做。不要事事都包办，不然的话孩子永远也不会成长成熟，而且会很懒惰。

4. 不要过度保护孩子

生活中，有些父母爱子心切，像母鸡一样护着小鸡，对孩子过度保护、过度照料，搞全程包办服务。这实际是剥夺了孩子活动和发展的机会和权利。实践证明，这样的父母养育的孩子往往懦弱无能、思想幼稚。所以，为了让孩子将来能经受生活的磨难和社会的风浪，必须让孩子从小就对困难和挫折有所尝试和体验，学会以平静的心情与合理的方式对待困难和挫折。

劳动是最好的挫折教育途径

挫折教育，不仅仅是体验受挫，其实劳动也是挫折教育的一项内容。苏联著名教育家苏霍姆林斯基说："家务劳动是最细心、最严格的保姆，是教育中的朋友和助手。"

但现实生活中，很多父母不相信孩子的能力。认为孩子还小，怕累着孩

子，于是不让孩子干家务、多劳动。但父母这种好心反而会使孩子滋生不劳而
获的思想，从而贪图享受、自私自利。我们无法想象，一个孩子在家里没有劳
动的机会，什么活儿都不干，当他离开父母的时候，却能够在复杂的社会中游
刃有余。

有一位高中一年级的孩子，上课打瞌睡，从不交作业，讲究吃穿，追求享
受，软硬不吃，刀枪不入。父母没办法，说："你真学不进去，不愿上学，回
来算了，出去打工也能养活你自己！"他去建筑队干了一天活，晚上回来叫苦
连天："累死我了，真是要人命，这简直就不是人干的活！"一连在家休息了
5天，妈妈说："你这么大了，又在家闲着，我也不让你干其他家务，你把你
的脏衣服洗洗吧！"孩子把眼一瞪："叫我洗衣服？我看你是没事找事！我是
洗衣服的人吗？"妈妈有点生气："你不是洗衣服的人，难道妈妈就该永远给
你洗衣服吗？"孩子暴跳如雷："你不给我洗，我就专门穿脏衣服上街，看你
老脸往哪儿搁！你生了我就得养活我。你要不给我洗，我就去买衣服。你不给
钱，我就把电视机卖了。"

这位母亲的苦恼实际上是她一手造成的，是她忽视了孩子劳动习惯的培养
造成的。因此，从小对孩子进行热爱劳动的教育，是每一位家长都值得重视的
问题。

劳动能培养孩子的良好品德，从小培养孩子爱劳动，可以使孩子养成爱劳
动的好习惯；孩子爱劳动，就能尊重劳动人民，爱护别人的劳动成果，爱惜公
共财物；能懂得幸福生活要靠劳动创造，要靠集体的智慧和力量来创造；从而
养成勤俭朴实、热爱集体、谦虚谨慎的良好品质。

一个人有无劳动的兴趣和习惯，将影响自己的一生。美国哈佛大学的一项
跟踪调查表明，凡小时候愿意劳动、养成良好劳动习惯的，即使只限于做简单
家务的人，生活也要比没有上述经历的人更完美、更充实。此项调查还表明，

劳动可以使孩子的人格情操得到升华，可以使孩子获得能力，并感觉到自己存在的价值，因而自我感觉良好，别人对他也有好感，并从中滋生出热爱生活、乐于助人的人文精神。

因此，望子成龙、望女成凤的父母从孩提起就应为孩子创造一种环境和条件，对孩子进行早期劳动训练，让他们做力所能及的事情，让他们生成一双勤劳的手，让他们通过劳动磨炼意志，把他们培养成为有用的人才。这既是前人培养孩子的好经验，也是现代人培养教育孩子的科学方法。

苏娜是小学三年级的学生，她从小没有做过家务活。在学校里经常逃避大扫除等集体劳动，引起了同学的不满。老师把这个问题反映给了她的父母，父母意识到自己没有给孩子提供劳动实践的机会，于是决定改变孩子这种不爱劳动的习惯。

暑假到了，父母带苏娜去野营。但是，父母在野营中不再像以往那样对苏娜呵护备至，而是鼓励她多动手、多尝试。平日不爱劳动的苏娜在这次野营活动中吃尽了苦头。但她也在劳动中意识到自己的不足，认识到自己的生活自理能力和劳动能力太弱了。

回家后，苏娜经常主动帮助父母做家务。经过一段时间的劳动实践，苏娜对劳动已经不再厌恶了，反而喜欢起劳动来。

美国前总统奥巴马说：流汗的教育才是真正的教育。对于孩子来说，父母培养他们热爱劳动，既能增强其自立自强的精神，又可以使其在劳动中学会生活技能，对今后的生存发展有着积极的作用。因此，从小对孩子进行热爱劳动的教育，是每一位家长值得重视的问题。

1. 培养孩子对待劳动的正确态度

教育家陶行知曾说过："劳动教育的目的，在谋手脑相长，以增进自立之能力，获得事物之真知，及了解劳动者之甘苦。"家长要让孩子认识到：人们正是靠辛勤的劳动才创造了财富，生活才能富有，人生才有意义；劳动致富、自食其力令人自豪，不劳而获、坐享其成遭人唾弃。这将使他们受用终生。

2. 舍得让孩子劳动

曾有调查表明，孩子不参加劳动并非他们不愿意劳动，而是有些父母不愿让孩子参加劳动，连拖个地也以为孩子拖不干净，稍重一点的活就怕孩子累坏了身体，稍花些时间的活又以为会浪费时间、影响孩子的学业，更不愿让孩子参与。许多父母在孩子求学期间包揽了所有家务，只让孩子一心一意学习。殊不知，从小做家务的人的生活比不做家务的人要充实、幸福得多。而教育的秘诀却在于，使孩子的身体锻炼、思想锻炼、能力锻炼互相调节。只有让孩子的各种能力都得到锻炼培养，孩子才会处在健康成长之中。

3. 让孩子学会做家务

做家务是培养孩子劳动能力的好办法。父母适当地交给孩子一些工作，让孩子学着做些简单的家务，不仅能减轻父母的负担，更是一种教育和引导孩子的好办法。如打扫卫生、倒垃圾、洗衣做饭、购买日用品、整理房间、搬运东西等。对这些简单的劳动，父母要反复强化训练孩子，直到他会做。最好每天安排一定量的劳动让孩子做。劳动的内容应该从简单到复杂逐渐过渡，一定不要刚开始就让孩子去做高难度的劳动。

4. 教给孩子一些劳动技能

做什么事都需要一定的技能，劳动也不会例外，所以父母应该教给孩子一些劳动的程序、操作要领、方法和技巧等。比如，要孩子做饭，就应该告诉他做饭的程序，放多少水、煮多长时间，等等，必要时要给孩子做示范。另外，在教孩子学会劳动技能的时候不要急于求成，而应该根据孩子的年龄特点循序渐进，逐渐提高劳动的难度和强度，使孩子在掌握劳动技能的同时，发展他们的想象和创造能力。

5. 对孩子的劳动及成果要多鼓励和表扬

对孩子的劳动成果，家长应及时地表扬和鼓励。受到鼓励的孩子得到心理暗示，就会在以后的生活中继续帮助爸爸妈妈做家务。这种刺激与激励的方法更容易让孩子继续保持热爱劳动的好习惯。

孩子的问题要让他自己解决

　　一个人的成长过程不可能是一帆风顺的，总会遇到这样或那样的难题，培养孩子独立处理问题的能力是非常重要的。然而不少家长认为，自己的孩子年龄小，不具备解决问题的能力，实际上，即使是很小的孩子也会运用一些策略和办法来解决问题。家长最好不要包办代替，在孩子不需要的时候擅自帮助孩子或替孩子作决定，因为一旦失去锻炼机会，孩子独立解决问题的能力就会退化，遇到问题就会束手无策。

　　孩子总要长大，总要离开父母的怀抱走向社会，拥有自己的生活。作为父母，不可能永远都帮着孩子处理问题，所以，为了让孩子尽早学会自己处理问题，就请父母尽早放手吧，让孩子学着在生活中自己处理问题。

　　王浩的妈妈下班回来，在小区里看见儿子与同伴在打篮球，她叮嘱了王浩一声一会儿回家吃晚饭，就离开了。

　　刚走到楼门口，就听到球场传来争吵声。妈妈停下来，只看见王浩很激动地对着一个高他一头的男孩子连说带比画，还一个劲地指着边线，好像在说那个男孩的球出了边线，而对方却不承认。那个男孩也在辩解着什么，还抬手推了王浩一下。周围的孩子也都站在双方不同立场上跟着争吵。

　　妈妈走过去，问了一个旁边的小孩，小孩说的跟妈妈想的差不多。对方把球打出边线，还不服裁判的判罚。正吵得不可开交时，高个男孩又开始推搡王浩，由于对方人高力大，居然将王浩推倒在地。

妈妈很想拨开人群去扶儿子，替儿子出气。但她想了想，又忍住了。只见儿子从地上爬起来，一点也不妥协地看着高个男孩，还是据理力争。高个男孩没想到会把王浩推倒，而王浩也没有怪他的意思，自己倒有些不好意思了，于是也很痛快地承认自己不对。双方又言归于好，定个规则，重新开始。

晚饭时，妈妈问王浩摔得疼不疼。王浩很奇怪地问妈妈："你都看见了是吗？那你怎么不来扶我呢？以前遇到这种情况，要是有谁的妈妈在跟前，肯定都会上来制止的。再去告一状。"妈妈笑笑说："我也很想呀，但是你应该学会自己处理问题，对方也许不是想把你推倒，如果妈妈上前制止，也许当时为你出了气，可以后你们就做不了朋友了，对吗？你今天处理得很好。"王浩很自豪地说："他最后还向我道歉呢。谢谢你，妈妈。"

在这个事件中，王浩妈妈以旁观者的身份在一旁观察他们的一举一动，没有介入孩子们的争吵、帮助解决孩子的冲突，但孩子们却自己和平解决了。所以，当孩子遇到矛盾与问题时，应该让孩子迎着问题，自己去主动交涉。事实证明，当我们鼓励孩子自己去解决矛盾时，不仅可以提高他与人交往、辨别是非的能力，还可以使他形成独立自强的性格。

蒙台梭利认为："在一般的情况下，儿童都喜欢自己解决自己的问题。成人如果干涉太早或太多都是会有害处的。"所以，我们更应该多让孩子自己想办法解决问题。

读小学三年级的肖强，放学后在小区里和一群同龄的孩子玩耍。本来几个孩子玩得挺高兴的，可是过了一会儿不知为什么就吵了起来，而且吵得很凶，声嘶力竭。肖强的妈妈在家里听见了，就赶忙跑到楼下。一看，几个孩子正在为了几块瓦片吵架。原来，她儿子的瓦片被同龄的另外一个小朋友抢去了，肖强很气愤，两个人自然吵了起来。没想到，其余几个小朋友偏偏帮着那个孩子和儿子吵架。肖强一看妈妈下楼来了，涨得通红的小脸变成了惨白色，委屈的眼泪一下子掉下来，"哇哇"地哭出了声音。当时，这位母亲真的很生气，她真想训斥一下那个不讲理的孩子。可是，她转念一想，如果孩子吵架大人参与其中，不是太不好看了吗？碍着面子，这位母亲说："儿子，咱们回家去，不和他玩了！"谁想到，肖强偏偏不回家，非要把瓦片要回来不可。这位母亲说："几片破瓦，有什么好玩的！回家妈妈给你买好吃的。"肖强仍然不干。妈妈只好又把目标转向那个抢瓦片的孩子："小朋友，你把瓦片还给他吧，好吗？阿姨相信你是个好孩子！"可那个孩子也不买她的账。这位母亲一看自己连几个小孩子都安抚不了，一气之下说："儿子，你回不回家？！"肖强把头一拧："不回！""好吧，那你自己想办法吧，我回家了！但是有一条，不许哭，男子汉哭什么！"妈妈一气走了！这位母亲人虽然回家了，但是心思还留在外面。她真的很担心儿子被小伙伴打了。可是，没过一会儿，肖强回来了，不仅要回了瓦片，还笑嘻嘻的。仔细一问，这位母亲才知道，原来几个小朋友又和好了。母亲问儿子用了什么方法，肖强笑："保密！"

孩子从小到大遇到问题是不可避免的，也是孩子成长所需要的。在自己一次一次地解决问题中，孩子会更快地成熟起来。所以，父母要给孩子多提供锻炼的机会，让孩子学会自己解决问题，上好孩子成长过程中这不可或缺的一课。

美国心理学家的研究成果表明，孩子是否能成功解决问题，更多地取决于他的经历而非聪明程度。生活中遇到矛盾是不可避免的，家长就应该帮助孩子从小建立解决问题的意识，培养孩子独立思考、解决问题的能力，这对孩子的长远发展有着重要影响。心理学家大卫·伍德曾说，家长应当充当"脚手架"，为孩子解决问题提供一个框架，让孩子自己动脑筋、想办法去解决。孩子终归会长大，人生的每一步都得他自己去走，父母谁也不可能代替。作为家长，我们更应该多让孩子学会自己面对问题、自己想办法解决问题。

1. 让孩子独立解决人际纠纷

当孩子和同伴发生冲突时，父母应该冷静、客观地观察，不要急于干涉，让孩子有充分的时间和空间去发挥自己的能力，尝试着自行解决矛盾。只有让孩子亲身经历这些过程，孩子才能学会如何协调人际关系。

2. 指导孩子如何解决问题

生活中，有些父母一见孩子之间产生了矛盾，便立即介入去平息"风波"，替孩子处理矛盾，这样很难培养孩子独立解决问题的能力。在对待孩子与同伴的冲突时，父母应该尊崇成长原则，即让孩子在同伴冲突中成长起来，只在必要的时候给予指导。也就是说，当孩子不知道如何去解决矛盾的时候，我们可以为他出谋划策，引导他用更合理的方式去解决矛盾，然后让他自己去实践。

第二章
扬起自信的风帆：
让自信帮孩子战胜挫折

有自信，才能无惧挫折与失败

自信是一种积极的心理品质，是一种促使孩子向上奋进的内部动力，更是一种能使孩子赢得成功的催化剂。

爱默生说："自信是成功的第一秘诀。"自信是孩子成长过程中的精神核心，是促使孩子充满信心去面对困难，努力完成自己愿望的动力。但它并非与生俱来，必须由家长对孩子从小加以正确引导，使孩子逐渐学会相信自己，建立起自信。

有一位女歌手，第一次登台演出内心十分紧张。想到自己马上就要上场面对上千名观众，她的手心都在冒汗："要是在舞台上一紧张，忘了歌词怎么办？"越想她心跳得越快，甚至产生了打退堂鼓的念头。

就在这时，一位前辈笑着走过来，随手将一个纸卷塞到她的手里，轻声说道："这里面写着你要唱的歌词，如果你在台上忘了词，就打开来看。"她握着这个纸卷，像握着一根救命的稻草，匆匆上了台。也许有那个纸卷握在手心，她的心里踏实了许多。她在台上发挥得相当好，完全没有失常。

她高兴地走下舞台，向那位前辈致谢。前辈却笑着说："是你自己战胜了自己，找回了自信。其实，我给你的是一张白纸，上面根本没有写什么歌词！"她展开手心里的纸卷，果然上面什么也没写。她感到惊讶，自己凭着握住一张白纸竟顺利地渡过了难关，获得了演出的成功。

"你握住的这张白纸，并不是一张白纸，而是你的自信啊！"前辈说。

歌手拜谢了前辈。在以后的人生路上，她就是凭着握住自信，战胜了一个又一个困难，取得了一次又一次成功。

法国教育家卢梭曾经说过："自信心对于事业简直是一种奇迹，有了它，你的才干便可以取之不尽、用之不竭；一个没有自信的人，无论他有多大的才能，也不会抓住一个机会。"所以，在孩子健康成长的道路上，自信心的培养是至关重要的一课。

胡适先生在《一个防身药方的三味药》这篇文章中，送给青少年的三个防身药里就有一味名叫"自信汤"的药。他说："第三味药，我叫它做'信心汤'，这就是说：你总得有一点信心。我们生存在这个年头，看见的、听见的，往往都是可以叫我们悲观、失望的——有时候竟可以叫我们伤心，叫我们发疯。这个时代，正是我们要培养我们的信心的时候，没有信心，我们真要发狂自杀了。我们的信心只有一句话：'努力不会白费'，没有一点努力是没有结果的。"

自信是孩子的潜力的"放大镜"。如果孩子是一个自信的人，那么他乐观进取，做事积极主动，勇于尝试，乐于接受挑战；但若是孩子缺乏自信，那么他就会在任何事情面前都表现得极为缺乏自信，因而柔弱、害羞、充满恐惧，既不敢面对新事物，也不敢主动与人交往，将失去很多学习和锻炼的机会，影响自身的发展。长此以往，孩子就会产生"无能"的感觉，变得自卑。甚至可能产生自暴自弃、破罐子破摔等极度不良心理，后果将很可怕。

有个叫托妮的女生，职业学校毕业之后，一年多时间里都找不到工作，她内心压力很大，常常夜不能眠，整天变得烦躁不安。

那一段日子，托妮的精神快要崩溃了。长期的睡眠不足使她无法以正常的心态看待周围的世界，也无法正常地看待自己。她甚至怀疑自己天生就"低能"，她心想："毕业了竟连一份工作都找不到，以后还能做什么呢？"

这时候，托妮的一个叫凯蒂的女同学从另外一个城市托人给她带来一份礼物。托妮打开一看，是一个装饰得很漂亮的瓷器，上面还贴着一个标签，写着："托妮的自信罐，需要时用。"罐子里面装着几十个用浅蓝色字条卷成的小纸卷，每个小纸卷上都写着凯蒂送给托妮的一句话。托妮迫不及待地一个个打开，只见上面分别写着：

"上帝微笑着送给我一件宝贵的礼物，她的名字叫'托妮'。"

"我珍惜你的友谊。"

"我欣赏你的执着。"

"我希望住在离你的厨房很近的地方。"

"你很好客。"

"你有宽广的胸怀。"

"你是我愿意一起在一家百货公司转上一整天的那个人。"

"你做什么事都那么仔细，那么任劳任怨。"

"我真的相信你能做好任何想做的事情。"

凯蒂还给托妮提了两点建议："第一，当你完成一件自己想干的事情，或者得到别人的称赞和肯定的时候，就写一张小字条放在这个罐里；第二，当你遇到困难和挫折，或者有点心灰意冷的时候，就从这个小罐里拿出几张字条来看看。"

读到这里，托妮的眼圈湿了。因为她深深地感受到，她正被别人爱着，被别人关心着，困难只是暂时的，自己也是很棒的。从那以后，托妮把这个"自信罐"摆在最醒目的地方，只要遇到压力和困难，就情不自禁地伸手去摸。

十年以后，托妮成为一所知名幼儿园的园长，很多家长都愿意把孩子送到她这家幼儿园，因为她的自信激发了孩子们的自信。从这所幼儿园走出去的孩子，每个人都有一个"自信罐"。

再后来，托妮成为得克萨斯州的教育部部长。

　　自信是孩子成长过程中的精神核心，是促使孩子充满信心去面对困难、努力完成自己愿望的动力。有一句教育名言这样说：要让每个孩子都抬起头来走路。"抬起头来"意味着对自己、对未来、对所要做的事情充满信心。任何一个人，当他昂首挺胸、大步前进的时候，在他的心里有诸多的潜台词——"我能行！""我不比别人差！""我的目标一定能达到！""我是最棒的！""小小的挫折对我来说不算什么"……假如每一个孩子都有这样的心态，肯定能不断进步，将来成为有用之才。因此，激发孩子的自信，让孩子挺起自信的胸膛，是父母应该重视的问题。

　　总之，自信心是孩子成长道路上的基石，是学习过程中的润滑剂，是生活中必不可少的勇气。因此，在日常生活中，家长教孩子学会辩证地认识自我，既看到自己的优点，又发现自己的不足，使他们在一次次地尝试、探索、创造中，不断地证实自己，增强自信心。

　　1. 让孩子多体验成功

　　孩子的自信多来自于成功的体验，每取得一次成功，孩子就会多一分自信，少一分自卑。因此，父母要多看到孩子的进步，哪怕一点儿进步也要及时鼓励孩子，让孩子增强自信心。

　　2. 赏识孩子的进步

　　父母的评价对孩子产生自信心理至关重要。孩子本身不知道什么叫自信，但当他们听到父母的鼓励的时候就会自内心产生了一种力量，这种力量促使他们完成各种艰巨的任务。所以，家长要创设培养孩子自信心的环境，让孩子在潜移默化中"自信"起来。平时，遇事常对孩子说一些鼓励的话，"你一定能行，你肯定做得不错"。因为孩子自我评价往往依赖于成人的评价，成人以肯定与坚信的态度对待孩子，他就会在幼小的心灵中意识到：别人能做到的，我也能做到。家长在孩子面前应有自信、乐观、自强的性格，办事有魄力、不怯懦，为孩子树立良好的形象，创设良好的精神氛围。

3. 让孩子学会积极的自我暗示

孩子在生活中难免会遇到失败和挫折，而失败的阴影是产生自卑的温床。所以，父母应及时了解孩子的心理变化，鼓励孩子进行积极的自我暗示，帮助孩子及时驱逐失败的阴影。

当孩子感到信心不足时，父母应该鼓励孩子进行积极的自我暗示，把"别紧张，我也行""我一定能成功"之类的话写下来，或者大声说出来。也可以在此基础上，让孩子根据自己的实际情况拟定一句鼓舞斗志的话，每天上学之前都念上几遍，在语言暗示后再满怀信心地去上学。

4. 引导孩子发挥自己的特长

每个孩子都有各自的优缺点，父母应该让孩子明白长处是什么、短处又是什么；然后帮助孩子分析他的长处和短处，针对孩子的长处进行培养，针对孩子的短处进行弥补，让孩子在扬长避短的过程中不断发掘优势，不断弥补缺陷。只有这样才能把孩子培养成自信的全能型人才。

让孩子和内心的自卑感说"再见"

所谓自卑是指一个人严重缺乏自信，他们常常认为自己在某些方面或各个方面都不如别人，常用自己的短处和别人的长处相比，具体体现在遇事不相信自己的能力，办起事来爱前思后想，总怕把事情办错被人讥笑，且缺乏毅力，遇到困难畏缩不前。说得直接一点，也就是自我评价过低，自己瞧不起自己。在充满竞争的现代社会中，一个自卑而缺乏信心的人是很难获得最后成功的，甚至一起步就面临被淘汰的命运。

有一个女孩曾写过这样一篇日记：

我不漂亮，没有让人眼前一亮的气质，原本这一切并不重要，因为我并没有意识到这一切，我很快乐地享受着父母给我的关爱。

后来我出远门，见到了许久未联系的哥哥，我很快乐，因为每个女孩都有一个哥哥情结，渴望被人永远地呵护。

有一天，哥哥的朋友把我误认为是哥哥的女朋友，哥哥说了句：我女朋友会这么丑吗？

我惊诧了。忽然才意识到，我不是一个漂亮女生，虽然后来哥哥解释说：刚才那句话是反话。可我有一种受伤的感觉，虽然当时的感觉并不强烈，可这件事我至今还记得。

大概又过了几年吧，我又一次和哥哥相逢了。我们一起去爬山，哥哥很想放声高歌，哥哥让我唱，我犹豫了，因为自己五音不全，我笑着拒绝了，我让哥哥唱，哥哥忽然说：前面要是有个美女就好了。

我又一次惊诧了。此时的我已长大，而且在学校，同学的言语早已让我明白：我不是漂亮女孩。可哥哥的话还是让我很受伤。我不止一次地在心中呐喊：我为什么这么丑？

又是几年过去了，我又一次到了哥哥所在的那座城市，此时我犹豫了，我真的一点儿自信也没了，虽然很想去见哥哥，可我真的不愿意再受伤了。

自卑是一种人格上的缺陷，一种失去平衡的行为状态。自卑使人变得十分敏感，经不起任何刺激。一个人如果被自卑心理所笼罩，其身心发展及交往能力将受到严重的束缚，聪明才智也得不到正常的发挥。这对于个人的成长是十分不利的。

著名的奥地利心理学家阿德勒认为："人类都有自卑感，以及对自卑感的克服与超越。小的时候，看到别人长大而自卑；长大后，发现别人比自己有钱自卑；有钱的时候，看到别人比自己更年轻力壮也自卑。这样看来，自卑其实是不可怕的。从某种程度上讲，自卑也是推动一个人不断自我完善的动力。但是，如果你已经认识到自己的自卑，而不愿意去进行自我突破的话，那么自卑对你来讲就是非常有害的。"

自卑性格的形成往往源于儿童时代。一个人小的时候，正是性格和信念发展的重要时期，也是一个人学习功课、掌握本领的重要时期，此时如果产生了自卑感，不相信自己有能力去改变世界，整日用一种消极和自卑的情绪去生活，那么他们的自我暗示就会接收这种缺乏信心的精神，从此一蹶不振，引发出人际关系障碍和许多行为上的困扰，妨碍学习、生活和人际交往的正常进行。这对于孩子的成长是十分不利的。

心理学专家认为，自卑儿童往往会表现出如下早期征兆：

（1）难以集中注意力。自卑感强的儿童在学习或做游戏时往往难以集中注意力，或只能短时间地集中注意力。这是因为"挥之不去"的自卑心理在作祟。

（2）常年情绪低落。如果孩子常常无缘无故地郁郁寡欢，那很可能就是自卑心理使然。

（3）拒绝结交朋友。一般来说，正常儿童都喜欢与同龄人交往并十分看重友谊，但具自卑心理的孩子绝大多数对交朋结友或兴趣索然，或视之为"洪水猛兽"。

（4）经常疑神疑鬼。自卑儿童对家长、教师、小伙伴对自己的评论往往十分敏感，特别是对别人的批评，更是感到难以接受，甚至耿耿于怀。长此以往，他们还可能发展到"疑神疑鬼"的地步，总无中生有地怀疑他人不喜欢或者怪罪自己。

（5）过分追求表扬。自卑儿童尽管自感"低人一等"，但往往又会反常地比正常孩子更追求家长和教师的表扬，而且可能采用不诚实、不适当的方式，如弄虚作假、考试作弊等。

（6）贬低、妒忌他人。自卑儿童可能常常会贬低、妒忌他人，如可能为邻桌受到老师表扬而咬牙切齿甚至夜不能寐。心理学家认为，这是他们为减轻自身因自卑而产生的心理压力设计的宣泄情绪的渠道，尽管这往往并不奏效。

（7）自暴自弃。占绝大比例的自卑儿童往往会表现为自暴自弃、不求上进，认为反正自己不行，努力也是白搭。更有甚者，还可能表现出自虐行为，如故意在大街上乱窜、深夜独自外出、生病拒绝求医服药等，似乎刻意让自己处在险境或困境之中。要是遭到家长指责，便以"反正我低人一等"作辩解。

（8）回避竞争、竞赛。虽然有的自卑儿童十分渴望在诸如考试、体育比赛或文娱竞赛中出人头地，但又无一例外地对自己的能力缺乏必要的自信心，因而断定自己绝不可能获胜。由此，绝大多数自卑儿童都是尽量回避参与任何竞赛，有的虽然在他人的鼓励下勉强报名参赛，但往往在正式参赛时又会临阵逃脱，甘当"逃兵"。

（9）语言表达较差。据专家统计，八成以上的自卑儿童的语言表达较差。他们或表现为口吃，或表述不连贯，或表达时缺乏情感，或词汇贫乏等。专家们认为，这是因为强烈的自卑感极有可能阻碍了他们大脑中负责语言学习系统的正常工作之故。

（10）对挫折或疾病承受力差。自卑儿童大多不能像正常儿童那样承受挫折、疾病等消极因素带来的压力，每每即便遇到小小失败或小小疾病便"痛不欲生"，有时甚至对诸如搬迁、亲人过世、父母患病等意外都感到难以适从。

1997年5月的一天，山东省某重点中学爆出一条惊人消息：该校高二某班学生王某某自杀了！

校长、老师无不震惊：他可是个品学兼优的好学生呀！家长痛不欲生，邻里摇头叹息：他平时是个很懂事的孩子！一个师长眼里的好学生、好孩子，为何作出如此可悲的选择呢？人们在清理该学生的遗物时，发现了一封遗书，上面写着这么一段话："……我后悔进了这所重点中学，班里其他的同学都比我聪明，除了学习，我什么都不会，看着别人唱歌、跳舞、潇洒地生活，而我却如一个多余的人躲在角落里……我不敢与同学在一起吃饭，看着别人饭盒里可口的饭菜，我拿着干巴巴的烧饼感到无地自容……我为什么没有生在一个富有的家庭？我为什么不能像其他同学那样多才多艺、轻松地生活呢？……"遗书告诉了人们，杀他的真正凶手是自卑。

上面的例子虽然不普遍，但在一部分孩子身上存在。这类孩子往往比较自卑，常常以消极的态度评价自己，认为自己不如别人。如果这种自卑心理得不到及时纠正和关注，会形成孩子的心理障碍，影响孩子的健康成长。所以，父母应关注自己的孩子有没有自卑心理，一旦发现，须尽早帮助其克服和纠正，以免形成自卑性格。

1. 帮孩子弄清自卑感产生的原因

只有找到了孩子自卑的根源，才能有针对性地加以引导和帮助。很多孩子自卑是由于自己的身体特点、家庭因素、学习成绩等方面的原因而产生，因此需要得到家庭和学校方面的引导。针对个人的原因，家长可以利用面质法、理性情绪法等帮助孩子消除自卑。

2. 对孩子的要求要适当

有的孩子之所以越来越自卑，一个重要原因就是家长的要求过高，使得孩子得不到肯定。长此以往，会使孩子产生一种心理上的恐惧感，从而否定自己，并产生自卑感，严重的还会意志消沉、精神萎靡，所以说，家长们不要奢求孩子能完美地做好每一件事，而应该首先鼓励孩子去做，然后努力发现孩子在做这件事的过程中值得肯定的方面并进行及时的表扬，从而慢慢增强孩子的自信心。要让孩子懂得做该做的事，并努力把它做好，这本身就是成功，也是对自己最好的肯定。

3. 给孩子更多积极的评价

嘲笑与指责不但不会使孩子改正缺点，获得进步，反而会使孩子产生一种心理上的恐惧感，从而否定自己，并产生自卑感，严重的还会意志消沉、精神萎靡，所以说，家长们不要奢求孩子能完美地做好每一件事，而应该首先鼓励孩子去做，然后努力发现孩子在做这件事的过程中值得肯定的方面并进行及时的表扬，从而慢慢增强孩子的自信心。要让孩子懂得做该做的事，并努力把它做好，这本身就是成功，也是对自己最好的肯定。

让孩子学会接受自己的不完美

人人都想要完美，但完美只是一种理想的状态，如果过分追求完美，结果只能是对自己越来越不满意，充满了挫败感，甚至变得自卑。

俗话说："金无足赤，人无完人。"每个人都不可能是十全十美的，都会有缺陷，不要因为这些缺陷而恼恨，要勇敢地面对缺陷，将自卑甩在身后，才能让我们重新扬起自信的风帆，才会使我们重新展开希望的翅膀，从而抵达胜利的彼岸。

美国一名电车车长的女儿叫作凯丝·达莉，她从小就喜欢唱歌，梦想做一名歌唱演员，但是她的牙齿长得很不好看。

一次，她在新泽西州的一家夜总会演出时，她总想把上唇拉下来盖住丑陋的牙齿，结果洋相百出。演完之后，她伤心地哭了。正当她哭得伤心的时候，台下的一位老人对她说："孩子，你很有天分，坦率地讲，我一直在注意你的表演，我知道你想掩饰什么，你想掩饰的是你的牙齿。难道长了这样的牙齿一定就丑陋不堪吗？听着，孩子，观众欣赏的是你的歌声，而不是你的牙齿，他们需要的是真实。张开你的嘴巴，孩子，观众看到连你都不在乎的话，他们就会对产生好感的。再说了，孩子，说不定那些你想遮掩起来的牙齿，还会给你带来好运呢。"

凯丝·达莉接受了老人的忠告，不再去注意自己的牙齿。从那时候起，她一心只想着自己的观众，她张大嘴巴，热情而高兴地唱着。最后，她成了电影界和广播界的一流明星。后来，甚至许多喜剧演员还希望学她的样子。

人总有不足之处，每个人都不会也不可能是完美的，重要的是看你怎么去面对，怎么样和自己的弱点好好相处，用一种什么样的心情和心态来面对它。如果能够坦然地、微笑着面对自己生命中的一些缺憾和不足，愉悦地接纳自己，运用积极的思维扬长避短，充分发挥自己的潜力，同样会带来"柳暗花明又一村"的美景。

有一句格言说："不是因为遭遇了挫折，我们才迷失自我；而是因为我们迷失了自我，才会有那么多的失败。"有的人遇到一点儿困难就悲观失望，受到一点儿挫折就灰心丧气，而如果与别人相比，身体上有某种缺陷，则更是绝望不已，破罐子破摔，总认为自己比别人差了一大截，不可能有什么成就了，只能坐以待毙了。其实，无论是弱点也好，缺陷也好，都不是成功的障碍，只是缺乏自信者的借口而已。

世界并不完美，人生当有不足；不完美是客观存在的，无须怨天尤人。在个人成长中，只有愿意承认和接纳自己的缺陷、弱点，才能正视自己，从不完美中获得成长。其实，生命的可贵之处，就在于看到自己的不足之处之后，能够坦然地接受，奋力前行。

曾担任菲律宾外长的罗慕洛身高只有163厘米。以前，他曾因为这个极矮的身高而羞于见人。为了让自己显得高一点他穿过高跟鞋，但高跟鞋令他感到特别难受，心理上的难受。

他不想骗自己，于是便把高跟鞋扔了。后来，在他的一生中，他的许多成就却与他的"矮"有关，也就是说，"矮"促使他成功。以至于他说出这样的话："但愿我生生世世都做矮子。"

那时候，当美国人还不知道罗慕洛是谁时，他却被圣母大学聘为荣誉教授，并且发表演讲。那天，高大的罗斯福总统也在受邀之列，他演讲完毕后，笑吟吟地怪罗慕洛"抢了美国总统的风头"。更值得回味的是，当联合国创立会议在旧金山举行时，罗慕洛以无足轻重的菲律宾代表团团长身份，应邀发表演讲。讲台差不多和他一般高。等大家静下来，罗慕洛庄严地说出一句："我们就把这个会场当作最后的战场吧。"这时，全场登时寂然，接着爆发出一阵掌声。最后，他以"维护尊严、言辞和思想比枪炮更有力量……唯一牢不可破的防线是互助互谅的防线"结束演讲时，全场响起了暴风雨般的掌声。后来，他分析道：如果大个子说这番话，听众可能客客气气地鼓一下掌，但菲律宾那时离独立还有一年，自己又是矮子，由他来说，就有意想不到的效果，从那天起，小小的菲律宾在联合国中就被各国当作资格十足的国家了。

这个事例中，虽然罗慕洛个子矮是他的劣势，但他敢于正视自己的不足，合理运用不足，将劣势变为了优势。

墨子说过："甘瓜苦蒂，天下物无全美。"世界永远存在缺陷，我们的个人也就难免会有缺陷。缺陷人人会有，而关键在于我们如何去对待它。我们只有接受缺陷才能够看到更完美的人生，我们要学会欣赏自己的不完美，学会利用缺陷，将它转化为成功的有利条件。正视缺陷，它将激发出我们更大的创造力和激情。

其实，每个人都有自己的优势，不必要求自己的生命呈现完美。你的孩子学习成绩一般，那么他可能在体育、绘画或是音乐方面才华出众；假使你的孩子不太聪明，那么他可能拥有灵巧的双手或是非常好的想象力。上帝对待每个人都是公平的，关键是你如何去发现孩子的美丽。俗话说：金无足赤，人无完人。让孩子学会接纳自己的不完美，相信孩子会更加自信地对待生活。

"世界上并不缺少美，只是缺少发现美的眼睛"，这句话在家庭教育中也特别适用。尺有所短、寸有所长，每个孩子都有自己的长处和缺点。在孩子成长的道路上，父母要有一双"慧眼"，善于发现孩子的优点，不吝啬赞赏与鼓励，更要做智慧的家长，积极引导孩子学会肯定自己、欣赏自己，增强自信、体验快乐。

1. 引导孩子正确评价自己

俗话说：尺有所短，寸有所长。每个孩子都有一定的长处，也都有他的短处。父母要引导和教育孩子对自己进行积极、正确、客观的评价，并且认识到任何人都具有自己的长处，也都会有短处或不足。要相信并发扬自己的长处，弥补自己的短处。在生活当中，父母还要注意并善于发现孩子的优点和点滴的进步，并不失时机地给予肯定和表扬。孩子认为自己有优点，也能取得一定的成绩，便会增强取得更大更好成绩的信心和希望了。

2. 学会欣赏自己的孩子

父母的评价对孩子产生自信心理至关重要。尊重和爱是孩子的基本心理需要，由衷地欣赏、赞美孩子，需要家长学会从多个角度发现孩子的闪光点，用发自内心的喜悦感染、打动孩子，使其保持健康积极的心理状态。

3. 引导孩子发挥自己的特长

每个孩子都有各自的优缺点，父母应该让孩子明白长处是什么、短处又是什么，然后帮助孩子分析他的长处和短处，针对孩子的长处进行培养，针对孩子的短处进行弥补。让孩子在扬长避短的过程中不断发掘优势，不断弥补缺陷，只有这样才能把孩子培养成自信的全能型人才。

父母的鼓励，是孩子自信的来源

一个成功的家长知道怎样去鼓励，而一个失败的家长只知道怎样去打击。美国一位著名教育家曾经说过这样一句话："在教育孩子的事情上，除了鼓励我不知道还有什么方法。"鼓励可以帮助孩子找回自信。任何人的生活和学习是不可能一帆风顺的，尤其是孩子面临着生理、心理的变化，以及来自于学习方面的种种压力，很多孩子会感到迷惑和无助，这时他们最需要的就是帮助和鼓励。一个人的自信一半来自自己，一半来自别人，若有人鼓励他、赏识他，他就可能拥有自信；反过来，如果一个人从来没有得到过他人的鼓励和赏识，肯定不会自信。鼓励对于孩子就像阳光对于小树，没有它，孩子就不能茁壮成长。因此，家长必须学会鼓励。

有一位艺术素质很高的学生考音乐学院时意外落榜，这种打击使他几乎难以承受。家长不知如何是好，便向孩子的老师请教办法，老师说需要对孩子给予激励教育。后来，家长接受了老师的建议，将写有"卓越的人才一大优点是：在不利与艰难的遭遇里百折不挠——贝多芬"的字条放在了孩子的书桌上。

这位意外落榜的学生，由此振作起来了，把贝多芬的这句名言当作座右铭，继续发奋学习，第二年终于如愿以偿，取得了成功。

从这个例子中就可以看到鼓励所起的作用。无论在获得成功或遭到失败时，鼓励是孩子获得自信的重要源泉。在孩子眼里，大人的鼓励是对他能力的肯定以及行为的认可。有了这些，孩子就可以不带任何负担地大胆做事，而不必担心失败后家长的责罚，成功的概率自然要高。特别是孩子在遭遇失败时，总希望有人去帮助他、宽慰他。这个时候如果家长对他的失败熟视无睹或责备辱骂，孩子便会自暴自弃，自甘沉沦，进而出现更大的失败。

在孩子的成长过程中，家长对孩子鼓励是非常重要的。鼓励就是给孩子一个锻炼及表现自己能力的机会，让他知道自己的行为可以给自己和别人带来积极的影响。家长只有不断地鼓励自己的孩子，孩子才能逐渐地学会独立面对及处理各种事情，其中包括家长们最关心的孩子的学习问题。孩子通过学会做一些事情的经历，累积了一些成功的经验，逐渐地建立初步的自信。在鼓励的作用下，孩子认识到自己的潜力，并不断地发展各种能力，最终孩子会成为生活中的成功者。

美国学者查尔斯12岁时，在一个细雨霏霏的星期天下午，在纸上胡涂乱画，画了一幅菲力猫，并把画拿给了他一直非常敬重的父亲。当时他这样做有点鲁莽，因为每到星期天下午，父亲就会拿着一大堆阅读材料和一袋无花果独自躲到他们家所谓的客厅里，关上门去忙他的事，他不喜欢有人打扰。但这个星期天下午，父亲却把报纸放到一边，仔细地看着这幅画。

"棒极了，这画是你亲手画的吗？"父亲惊奇地问。

"是的。"查尔斯怯生生地说。

父亲认真地打量着那幅画，点着头表示赞赏。他说："在绘画上你很有天赋，坚持下去！"

查尔斯在一边激动得全身发抖。父亲几乎从没说过表扬的话，也很少鼓励他们兄妹。父亲把画还给查尔斯，重新拿起他的报纸。

从那天起，查尔斯看见什么就画什么，把练习本都画满了。

因为工作父亲离家后，查尔斯只有自己想办法过日子，并时常给父亲寄去一些自认为吸引他的素描画并眼巴巴地等着父亲的回信。父亲很少写信，但当他回信时，其中的任何表扬都能让查尔斯兴奋上好几个星期，给他无比的信心，他相信自己将来一定会有所成就。

在美国经济大萧条那段最困难的时期，父亲去世了。除了福利金，查尔斯没有别的经济收入，他17岁时只好离开学校。受到父亲留给他的话语鼓励，查尔斯画了三幅画，画的是多伦多枫乐曲棍球队里声名大噪的"少年队员"琼·普里穆、"二流球手"杰克逊和查克·康纳彻，并且在没有约定的情况下把画交给了当时《多伦多环球邮政报》的体育编辑迈克·洛登，第二天迈克·洛登便雇用了查尔斯。在以后的四年里，查尔斯每天都给《环球邮报》体育版画上一幅画。那是查尔斯的第一份工作。是父亲的激励和欣赏给了查尔斯一颗自信心，这颗自信心使他虽然没有了父亲的庇护，也可以生活下去，并且活得很精彩。

父母的评价对孩子产生自信心理至关重要。孩子本身不知道什么叫自信，但当他们听到父母的鼓励的时候就会自内心产生了一种力量，这种力量促使他们完成各种艰巨的任务。所以，家长要创设培养孩子自信心的环境，让孩子在潜移默化中"自信"起来。平时，遇事常对孩子说一些鼓励的话，"你一定能行，你肯定做得不错"。因为孩子自我评价往往依赖于成人的评价，成人以肯定与坚信的态度对待孩子，孩子就会在幼小的心灵中意识到：别人能做到的，我也能做到。家长在孩子面前应有自信和乐观的性格，有魄力、自强，办事不怯懦，为孩子树立良好的形象，创设良好的精神氛围。

美国心理学家德里克曾说过："孩子需要成人的鼓励，就像植物需要水一样。"的确，鼓励是孩子成长的道路上不可缺少的助推剂，是孩子茁壮成长的阳光。让我们都来鼓励孩子，让他们更加积极自信，快乐地学习和生活！

学会赏识，让孩子更自信

现如今，赏识教育作为一个全新的教育理念，越来越多地被人们所熟识，也被越来越多的教育者，特别是父母所接受。所谓"赏识教育"，就是注重孩子的优点和长处，小题大做、无限放大，让孩子在"我是好孩子"的心态中觉醒，在"我能够成功"的信心中成长。

美国心理学家威廉·詹姆斯说："人性最深层的需要就是渴望别人的赞赏，这是人类区别于动物的地方。"他还发现，一个没有受过激励的人仅能发挥其能力的20%～30%，而当他受过激励后，其能力是激励前的3～4倍。因而在孩子的成长过程中，赏识激励至关重要。如果一个孩子能够感到自己是被别人赏识的，自己是被别人重视的，自己对别人来说是重要的，那他就会自然地产生愉悦的感觉，他的行动就会更加积极，做起事情来就会充满自信。

让我们看看下面这个故事：

当我3岁的时候，父母发现我完完全全是一个聋子。这迫使他们对我的教育作出重要决定。在咨询了众多的专家和医生之后，他们作出了一个将永远改变我的未来的决定。父母并没有把我送到私立聋哑学校，而是把我安排到普通班级中。

自从我在纽约州僻静小镇莱瑟姆的兰溪小学上三年级开始，我便是学校里唯一的聋孩子。几乎从第一天起，其他孩子就经常因为我的助听器和我说话的方式而奚落我，或辱骂我。我记得那时我总在想："我做错了什么？"

我的助听器是一个矩形的盒子，它像无法摆脱的重担一样拴在我的肩膀上。电线从我的耳朵绕到机身，在我的胸前结成一个类似"肿块"的东西。

我在小学阶段处于严重的焦虑和不安中，除了融入同学群体的问题，学校功课同样需要我付出巨大的努力。我几乎把所有的课余时间都花在功课上，也只能勉强跟上班级。老师也不知道该拿我怎么办。

因为我的听力障碍，我不断地问大家："他(她)说什么？"但我也担心同学们很快就会对不断回答我的问题感到厌烦。

因为融入同学对我来说非常重要，所以每次当我周围的人大笑或微笑时，我都会照做，即使我根本不知道发生了什么事情。

其他孩子取笑我时，我也只是把它藏在心里，默不作声。我确信自己是个坏孩子，我甚至觉得他们对我的嘲笑是我应得的。从表面上看，我是个合群、外向的乐天派，但实际上，我的自尊是相当低的。

乔丹夫人是我五年级的老师，她仅用了一句话就改变了这一切。她是一个身材魁梧的女人，灰白的头发，棕色的眼睛看起来炯炯有神。一天上午，她在课堂上提问。我坐在教室前排，从她的嘴形，我读懂了她的意思，并立刻举起了手。

我难以置信，竟然有那么一次我知道答案。但是，当她叫我回答时，我胆怯了。尽管有点害怕，我还是一反常态地自信起来，因为这一次，我确定我的答案是正确的。我深吸一口气，忐忑不安地回答了乔丹夫人的问题。

我永远也不会忘记接下来发生的事。她的反应是爆炸性的，震撼了所有人。她先是激动地用右脚在地板上跺了一下，然后右手在空中绕了一个大圈，最后直接指向我。她的眼里闪着光，咧嘴笑着冲我喊道："答对了，史蒂芬！"

在我年幼的生命里，第一次感到自己仿佛一下子成了明星。我咧嘴大笑，一阵自豪感油然而生。我直起脊背坐起来，并挺起胸膛。我从未这样自信满满过。就在此时此地，我决定要为自己在这个世界上谋得一席之地。

"答对了，史蒂芬！"这样简单的一句话，饱含激情地传达给我，彻底改变了我年轻的生命。从那天起，我的成绩和语言表达能力开始突飞猛进。我在同龄人中愈发受欢迎，我的人生观也有了翻天覆地的变化，而这一切都始于乔丹夫人的这句"答对了，史蒂芬！"

每一个人都希望能够得到别人的肯定与赏识，成人是这样，孩子更是如此。赏识可以发现孩子的优点和长处，激发孩子的内在动力，帮助孩子扬长避短，克服自卑、怯懦心理，树立自信心。每个孩子都有他的长处，家长要学会赏识，用赞赏、相信的眼光看待每一个孩子，给他们信心和力量。有时候，家长的赏识是孩子对自身言行作出价值判断的依据。如果家长经常表扬孩子，他的心里就充满了自豪和自信，觉得自己很优秀很特别。相反，如果孩子平时听到的都是训斥、挑剔，他就会否定自己而产生自卑心理，进而失去对学习和生活的热情。所以，作为家长，要相信自己的孩子。当孩子在某一方面有进步时，千万不要吝惜自己的夸奖和赞美，当孩子遭遇失败或孩子行为有过失时，不能对孩子全盘否定，要善于发现其中的闪光点。

我国著名教育专家卢勤说："成人赏识的眼光，能使孩子创造奇迹。"每一个孩子都是有优点的，只要父母真正从内心去赏识孩子，每一个孩子都是值得父母自豪的。

让我们来看一看下面这位母亲成功的经验。

她是这样说的：

我的孩子从上幼儿园起，我就在他身上做实验：如果今天赏识他会说话、会叫人，明天他会更注重礼貌；如果今天赏识他小手帕洗得干净，明天他的小手帕会洗得更加干净；如果今天赏识他的儿歌唱得好，明天他唱儿歌时会更加来劲儿……

孩子上学时，有一段时间成绩不大理想，期末考试甚至出现数学要补考。但我从不责怪自己的孩子"笨"，而是耐心地帮他分析原因，不失时机地赏识他。孩子最怕做应用题，刚学会做时，六道应用题仅能做对两道，然而我却大声赏识他："不简单，这么难的应用题你都会做！妈妈小时候还没有你聪明哩！"当我发现孩子随手写的一首打油诗，我如获至宝，马上向孩子要过来珍藏起来。因为在我心中，这绝不是一句句普通的顺口溜，它更代表了一颗自尊、快乐的童心！

在我的赏识中，孩子强烈的自信心被培养起来，学习成绩逐步提高，后来在全国小学生"给下岗的爸爸妈妈写封信"——"微笑天使"活动征文中，荣获了三等奖。小学毕业时，他以班上排名第三的好成绩考入中学。

赏识是父母送给孩子的最好礼物。父母越是能够发现和放大孩子的优点，孩子就会具有更多的优点，就会变得更加的优秀。

我国教育家陶行知先生曾经说过："教育孩子的全部秘密在于相信孩子和解放孩子。相信孩子、解放孩子，首先要赏识孩子。"赏识是教育的真谛，能够带给孩子无限的信心和动力，让孩子不断地前进。父母们请务必记住，对待任何一个孩子，往往是赏识越多优点越多；训斥越多毛病越多。学会赏识孩子并不是一件容易的事，每位家长都要仔细地研究与思考鼓励孩子的策略，并养成赏识孩子的习惯。

1. 及时表扬孩子的进步

孩子是需要赏识和赞美的，但家长要正确把握赞美的时机。一般来说，在孩子取得成就以后，及时给予赏识和赞美的效果最好，这时候，最能激发出孩子的潜能，孩子最容易从父母的赞美和鼓励中获得继续努力的动力。否则，事过境迁，已经没有了当时的氛围，你再去夸奖他，会使夸奖的作用大大降低。因此，不管有多么繁忙，我们都要在孩子有好的言行之后马上加以表扬，使孩子好的行为得以固化和发展。表扬应该如"及时雨"，给孩子渴望的心灵送去清凉。

2. 赏识要发自内心

发自内心的赏识是最好的教育。每个孩子都有自己的优点和长处，判断一个孩子的好坏，不能只是片面地取一个方面。作为父母，要善于发现孩子与众不同的地方，要从内心里相信孩子是优秀的，让孩子在你的赏识中发挥长处。一个甜蜜的微笑，一句亲切的话语，一个鼓励的眼神，一个主动的问候，都是促进孩子进步的良药。

3. 赏识孩子要具体

特级教师于永正在写给女儿的《给新教师的20条贴心建议》中曾指导女儿："表扬要有实指性，忌空泛。"所以在表扬孩子时，应该对孩子的优点和进步的具体细节给予肯定，如"你很会思考""你对某件事情有你自己的看法真的不错""你的数学成绩比以前有进步"等，使孩子明白自己"好"在哪里，这样效果会更好。若只是简单而笼统地夸奖"好""不错""真棒"，孩子不能从内心得到肯定，当然就可能对你所谓的赏识无动于衷了。

鼓励孩子表达自己的看法

要把孩子培养成有自信的人就要从小鼓励孩子说出自己的看法。孩子在大声说出自己想法的过程中，个性得以张扬，心灵得到了放飞，思想得到了解放，自主意识得到了加强，自尊和自信得以保持和恢复。

孩子有独立的想法是一种自信的表现，是一种能力的体现。父母鼓励孩子主动说出内心的想法，可培养孩子的创造性。鼓励孩子主动说出内心的想法，还可发展孩子独立自主的意识，有益于孩子的健康成长。孩子向父母敞开心扉，说出胆怯，说出疑惑，说出建议，说出奇思妙想，才能最终说出光明的未来，说出健康的人格，说出灿烂的明天。

日本有一年一度的棒球比赛传统，这个比赛对于参加比赛的孩子和家庭来说，都是一个值得期待的日子。藤田武进今年要代表犁田小学参赛，父亲藤田洪一决定明天带领全家人都去比赛现场为武进加油。

第二天早晨，父亲就把全家人都叫醒了，催促大家赶紧收拾行装去看武进的比赛。武进有一个妹妹名叫香，她一点都不喜欢棒球，她感兴趣的是柔道。出发前，香对大家说："我不想去！"父亲听了非常生气，对香大发脾气。最后，无奈的香还是勉强去了，可从比赛开始到结束回家，香一直闷闷不乐，跟大家也不说话。其实，大家都知道是怎么回事，可是谁也不敢冒犯父亲大人的威严。

于是，父亲藤田洪一开始反省自己。第二天，当全家人围坐在一起吃早饭时，藤田洪一平生第一次对孩子说抱歉，承认了自己的错误，表示自己不应该强行让香观看她不喜欢的运动。香听了父亲的话后，感觉到了从未有过的轻松，变得开朗、高兴起来。全家人也一起在餐桌前畅所欲言。武进说："我根本不想去打棒球，我更愿意去参加学校的射击队或划艇队，可父亲老强迫我去。"香说："我喜欢穿粉色的裙子，可父亲却总是说绿色的好看。"藤田的太太也说："我喜欢吃清蒸鱼，可你总是嚷嚷着炸鱼片更好吃。"

直到这个时候，藤田洪一才明白，自己平日里有多么武断！因为自己没有给家人一个表达的机会。

如果父母想多了解孩子，那么不妨给孩子一个表达的机会，鼓励孩子说出内心的真实想法。其实，每个孩子都很有自己的想法，父母要允许孩子对自己不喜欢或者是不符合自己意愿的事情进行"反抗"，鼓励孩子勇于发表自己的看法，并鼓励孩子提问题，敢于争论，甚至向家长提出质疑和挑战。这种做法能够在很大程度上提高孩子的自信心，有利于发展孩子的思维能力与社交能力。同时，父母也要给孩子创设民主和谐的家庭氛围，因为只有在这样的家庭环境中，孩子才会有活跃的思维，敢于发表自己的意见。

黑幼龙是将卡耐基训练引入华语区的第一人，他成功地打造了台湾地区的"卡耐基王国"，被当地人誉为"华文卡耐基之父"。然而让黑幼龙自豪的事情，并不是他自己在事业上的辉煌成就，而是他和他的太太孕育了四个非常优秀的孩子。而让孩子正确表达自己的观点和要求就是他们的教育内容的一个重要部分。在孩子们还小的时候，黑幼龙就经常组织一家人召开家庭会议，有时候会一起讨论一些事情，有时候就只是一起聊聊天，他们一家人有时就在公园的空旷地或喷水池边召开家庭会议。黑幼龙有段时间想换工作——他想从某飞机公司跳槽到光启社去工作，他就把一家人召集在一起开家庭会议，就是讨论他换工作的问题。对于这样一个大问题，连同当时还在上幼儿园大班的小儿子黑立行也被父亲要求发表自己的意见。

黑幼龙一直重视要给孩子们表达自己的机会，凡事都要征求一下他们的意见和看法，他们家绝不会搞"一言堂"。正是父母的这种给他们表达自由的教育方式，才使黑立言兄弟、兄妹四人培养起了自主、独立的良好性格。

每个孩子都有自己的想法，每个孩子也都有自主地和别人交流的愿望，父母应该给孩子机会，让他们将自己心中的想法表达出来，这样才能培养孩子独立自主的意识，学会大胆地发出自己的声音。

1. 给孩子一个表达的机会

很多家长总想多了解孩子，那么不妨给孩子一个表达的机会，鼓励孩子说出内心的真实想法。不要等待孩子主动告诉你们什么，而是要主动去找孩子，问问孩子在想什么。每天抽出一段时间，放下手中的事，和孩子聊聊天，悉心听取孩子的想法，让孩子把内心表达出来，等孩子说完之后，再给他们分析情况，权衡利弊，提出解决的方案，让他们自己做主。

2. 不要打断孩子说话

父母在和孩子沟通过程中，容易打断孩子的话，最终导致沟通失败，亲子关系破裂。孩子在和父母争辩时，很多父母都会觉得自己的面子受到伤害，总是在孩子刚开口时就打断他们说话，不给孩子争辩的权利，久而久之孩子就不再愿意开口，因为没人会听他讲。父母在和孩子沟通时，不要打断孩子讲话，让孩子充分表达自己的情感，认真听取孩子的想法，然后再进行有效沟通。

3. 尊重孩子的意见

家长要学会尊重孩子的想法与看法，营造民主的家庭氛围。在家庭当中，孩子有权参与家庭事务与生活决策，表达自己的看法与主张。家长不应以孩子太小而轻视他的想法，可以从细小的事情做起，慢慢地，孩子就会敢于表达，建立自信心。

4. 让孩子说出不同的意见

生活中，父母应鼓励孩子有自己的见解，在孩子发表意见时，即使是错误的也要让孩子说完，然后再给予适当的指导。对于孩子的正确意见，父母应该积极肯定和表扬，增加孩子主动表达的自信心。

5. 给孩子一个申辩的机会

在教育孩子的过程中，孩子可能会对自己的言行进行辩解，父母应给予孩子申辩的机会。应该明白，申辩并非强词夺理，而是让孩子把事情讲清楚讲明白。只有让孩子把想说的说出来，我们才能了解事实的真相。否则，轻易给孩子下结论，只会误解孩子，使孩子受委屈。所以，家长要尊重孩子，使孩子能对自己的所作所为有进行解释与申辩的权利。毕竟孩子还是孩子，他们有其特别的想法与思想，不能完全按照成人间的方式去对待。只有孩子说出自己的真实想法或意图，家长才能更有针对性和目的性地帮他们解决实际问题。所以，家长既要倾听孩子述说原委，更要倾听孩子的辩解和反驳。

让孩子去体验成功

培养自信心的方法有很多，让孩子体会成功也是培养孩子自信心的一种方法。美国心理学家马斯洛认为：每一个人都具有渴望成功的愿望。人们都渴望得到别人的赏识和认可，因为被赏识和认可将激起前进的动力和欲望，而相反，一旦很长时间不被赏识和认可，被肯定的需求受挫，就会产生挫败感，从而失去自信。

刘艳是一名小学三年级的学生，成绩在班里一直是前五名。不少家长都很羡慕刘艳，认为刘艳爱学习，是个好孩子，但刘艳的妈妈对她的成绩还是很不满意，总觉得刘艳应该考入前三名。每次刘艳的考试成绩出来，妈妈看过成绩单后，就会对刘艳说："你下次一定要抓紧时间用功学习，争取进入前三名。"听到妈妈一直对自己都不满意，刘艳心里很不是滋味。

后来无论刘艳怎么努力，她的学习成绩一直是止步不前。而且最近的一次考试，刘艳的学习成绩竟然下降了。刘艳的妈妈很是不解，不分青红皂白又将刘艳训斥了一顿。

其实，如果刘艳的妈妈看到成绩单后，能够及时肯定孩子取得的成绩，给予适度的表扬，那么结果肯定会大有不同。根据著名的心理学家埃里克森的自我概念和人格发展理论，自我认同感对一个人的行为和创造力的影响是巨大的。在儿童时期，如果孩子体验到了成功，他们的竞争意识和行为的动力就会不断增强，这有助于形成良好的自我认同感，会促进他今后成为积极的社会成

59

员。但失败的体验会使儿童产生一种无能的感觉，对今后的创造和生活期望都不高。上例中的刘艳正是由于父母的过高要求让他缺少成功的体验，最终失去了学习的兴趣和前进的动力。

苏联教育家苏霍姆林斯基说过："一个孩子，如果从未品尝过学习、劳动的欢乐，从未体验过克服困难的骄傲——这是他的不幸。"因此，我们应该充分利用孩子的成功愿望，让每个孩子都能得到成功的体验，使每个孩子在不断获得成功的过程中，产生获得更大成功的愿望，使他们在原有的基础上都能得到更理想的发展。

渴望成功是人的天性，年幼的孩子同样如此。自信心与成功是相辅相成的，有了自信心容易获得成功，而获得成功，又可增强自信心。事实上，失败并非成功之母，成功才是成功之母。很多所谓的"差生"在出现一个转折点后，常常会突飞猛进，一发而不可收。就是因为他获得了成功体验的正面强化作用，从而让他学会了战胜困难，超越自我。

成功经验是培养孩子受挫力的重要养分，也有助于孩子克服生活中的压力和挑战。父母要知道，孩子每一个细小的成功都能带给他无限的信心与动力，孩子就是在不断的成功中逐渐学习、更加进步的。如果父母对孩子小的成功熟视无睹的话，没有及时给予孩子鼓励，却要求孩子立刻取得大的成功，这是十分不现实的。作为父母应该珍惜孩子的第一次成功。在孩子取得第一次成功时，父母应该鼓励、表扬孩子，让孩子充分体验到成功的快乐和成就感，这对孩子会产生很大的影响。

有一个学生叫张聪，考试从来都是倒数第一。后来，这个孩子发现自己考30分是倒数第一，考70分也是倒数第一，反正都是倒数第一，那干脆考试时就什么也不写了，自己省事，老师也省事。再考试他就坐在那玩儿，一个字不写，一道题不做，他的名字也改成了"张笨"。张聪之所以成为一字不写的"张笨"，是由于他屡遭失败，加上成年人喋喋不休的批评，使他失去了自信，失去了学习的兴趣。

后来老师和家长配合，发挥他朗读方面的优势，在家让他给父母读课文中的故事，然后告诉他："你读得很有意思！"有时让他念一首诗，然后对他说："真是有滋有味，这句要是这么念就更好了！"

孩子开始从家长的目光中得到赏识，看到了欣喜。

在学校他开始举手发言，当他流利地把课文读完时，老师请全班同学为他的朗读鼓掌。使他第一次听到了掌声——给自己的掌声。他尝到了成功的喜悦，天天放学后都大声地在家朗读课文，还主动请爸爸、妈妈提意见。期末，这所小学实行的是"等级+特长+评语"的评分办法，他获得了上学以来的第一个"优"。他哭了，从此他挺起胸膛，参加学校的兴趣小组，表演小品，主持节目，他多次感到成功的喜悦。

慢慢地，这种喜悦又迁移到知识的学习上，他摘掉了"张笨"的帽子，成了堂堂正正的张聪。

是老师和家长的表扬，促成了孩子的变化。准确地说，是受到表扬后那种成功的体验给了孩子信心，成了孩子求上进的动力。

成功的体验是孩子潜能开发的催化剂，只要家长方法得当，就能够使孩子获得足够的成功体验，让孩子自信、自尊、自爱地成长起来。正如卢勤所说："我们做父母的如能帮助孩子获得人生的第一次成功，让孩子品尝到成功的喜悦，他将来一定是个成功者！"所以，为人父母者，一定要善于发现孩子各个方面的每个细小的成功，并鼓励孩子的每一个成功。这样，孩子才能真正体验到成功的快乐，从而更加努力上进。

美国儿童心理学家德雷克斯曾说："所有问题孩子，都是失去了信心的孩子。"如果要让孩子保持信心和拥有抗挫能力，唯有让孩子不断地体验到成功，只有让孩子体验到成功，孩子才能有走出歧途，拥有追求成功的勇气。

有人说，成功的体验是一个人的精神财富，具备这种财富的人会自信而坚毅。成功的体验，是孩子成长过程中不可缺少的，也是每个孩子都非常渴望的。就像运动员，每一个细小的进步，都需要观众的喝彩与掌声，孩子的成长道路也是这样。孩子只有把每一次小的成功累积起来，才能慢慢铺就他的大成功之路。

1. 适当降低对孩子的要求

对孩子的要求如果太高，他就很难实现目标，很难建立起信心。如果父母针对孩子的实际水平适当地降低标准，孩子就很容易取得成功。孩子会从不难获得的成功体验中获得充分的自信。

2. 多给孩子实践的机会

平常多给孩子提供一些实践的机会也是很有必要的。孩子的自信心是随着成功体验次数的增加而逐步增强的，因此，给孩子更多的自由，他想做什么，只要没有危险，就放手让他去做。

3. 营造充满赏识的家庭氛围

家庭是孩子每天待的时间最多的地方，家长要注重对孩子的正确引导，为孩子创设一个和谐融洽的成长环境，努力帮助孩子树立信心。父母可以通过丰富家庭生活的方式，创设多种赏识情境，帮助孩子在赏识中进步。

4. 帮助孩子建立成功档案

每当孩子有所进步或取得成绩时，父母要善于替孩子"保管"这些好的记录，这是他们成长的见证，在关键的时候还会起到激励孩子的作用。当孩子在学习中遇到困难灰心丧气时，父母就要拿出孩子的成功档案，唤起孩子的成功意识，促进孩子的信心。

没有完美的孩子，不要对孩子太过挑剔

现实生活中，我们许多父母会走进这样的误区，在教育子女时总是对孩子要求这、要求那，力求把孩子打造成一个绝对的"完美"。

对孩子严格要求是好的，但不能陷入苛求。过于追求完美的父母，只会给孩子带来巨大的心理压力。孩子的能力是有限的，孩子需要的不是完美，而是不断进步。所谓成长，就是完善自己的不完美之处。如果你不能接纳孩子的不完美，你就是不接纳孩子的成长。

美国著名成功学家戴尔·卡耐基曾带着复杂的心情给儿子写下这样一段话：

儿子，我对你太暴戾了。当你穿衣服上学时，我责骂你，因为你没洗脸，只是用毛巾随便擦了一下。为了你没有把鞋子擦干净，我又斥责你。当你把东西随便扔在地上，我又生气地呵斥你。吃早饭时，我又挑你的毛病：你把东西洒在桌上，你吃东西狼吞虎咽，你把手肘放在桌子上，你的面包涂了太厚的黄油。当你去玩，我去赶火车的时候，你转过身来，摆着你的手说："爸爸，再见！"而我却皱起眉头回答说："挺起胸来，两肩向后张！"然后，下午又是如此。

当我走回来，看到你跪在地上玩弹子时，长裤子破了好几个洞。我押着你走在我前面，和我一起回家，使你在朋友面前丢脸。"裤子很贵的，如果你自己花钱去买，你就会小心了！"儿子，你想，这竟是做父亲的人所说的话！你还记不记得，过后当我在书房里阅读文件，你走进来的样子很怯懦，眼中带着委屈。我抬头看到你，对于你的干扰，觉得非常不耐烦，而你在门口犹豫着。"你要干什么？"我大声责问道。

你什么也没说，只是很快地跑了过来，抱着我的脖子，亲了我一下，而你的小胳膊，带着藏在你心中的热情，紧紧地搂着我，而这种热情即使没有受到注意，也不会枯萎。然后你就走开了，"噔噔噔"地上楼去了。

儿子，就在你走开之后，我手中的文件掉了下去，全身浸在一种非常难过的恐惧中，我怎么被这种习惯弄成这样子？那种挑毛病和申斥你的习惯——竟然当你还是一个小男孩的时候，我给了你太高的期望。我是以我这种年龄的尺度来衡量你。当你疲倦地蜷缩在你的小床里，我看出你还是一个小婴儿，就好像昨天还在母亲的臂弯里。我对你的要求真是太过分了、太过分了！

要求孩子做得更好，甚至做到完美，这是许多家长的共同心理。但孩子成长的过程却是一个不断学习的过程，免不了有些瑕疵和错误，这正是孩子的可爱之处，父母如果不容许一些错误和瑕疵，一味地要求完美，就会使孩子在错误面前，成为惶恐的惊弓之鸟。所以，别过分严厉地要求孩子必须事事完美，对待他们的错误，最好能给予宽容和鼓励，这样他们才会从错误中获得经验和教训，更好地、健康地成长。

有一个叫微微的孩子，已经上幼儿园了，她最不喜欢上的课是手工课，因为她总是不能顺利地做好老师教的内容，她的手不像其他孩子那样灵巧。为此，她非常苦恼，回家问妈妈，妈妈对她说："每个人的能力是不一样的，你可能不如别人手巧，可是你也有很多他们没有的优点。再说了，妈妈小时候还不如你呢，你看我现在不是什么都会做吗？"

妈妈的话让微微信心大增："对啊，我虽然不如别人手巧，但是我能唱出好听的歌曲，还会给其他孩子讲故事呢。"

上小学后，微微开始讨厌上自然课。因为她总是无法顺利完成老师要求的小实验，她不如其他孩子做得好，不如其他孩子效率高，甚至连一些简单的动作都不能顺利地完成。为此，老师也经常说她"笨"。看着别的同学的作品微微很羡慕，可自己就是做不好，她只能伤心地流泪。

她去找妈妈诉苦，妈妈把微微揽在怀里，心疼地对她说："微微不笨，要知道我小时候还不如你做得好呢。我们在家可以练练。"这时候孩子会心地笑了，抬起头对妈妈说："妈妈真好。"说着两个人动起手来，微微看到自己的作品和同学们的相差无几的时候高兴得跳了起来。妈妈看着孩子的高兴劲儿心里有说不出的喜悦。

世界上没有完美的成人，更没有完美的孩子。孩子的成长需要父母的支持和鼓励，所以不要期望孩子成为十全十美的人，请少一些苛刻，多一些宽容。

1. 不要只盯着孩子的缺点挑刺

父母们一定要明白一个道理，那就是世界上没有十全十美的事物。无论是成人还是孩子，身上都会存在缺点，只要是人就会有缺点，而这些缺点需要用爱去包容，并帮助他慢慢改善。孩子天真可爱，父母只要用心引导和教育，缺点就可以变成优点。父母多花一点时间在孩子身上，帮助孩子改正缺点，孩子就会一天天优秀起来。当孩子还不够优秀时，请父母接纳孩子的不足和缺点，他们正在努力进步之中，等待花开才是最美的过程。

2. 对于天生的"缺点"要"悦纳"

每个孩子是生来就不同的，孩子的某些缺点可能就是他的个性所致，这不完全是他自己能够控制的，所以，父母不能以"孩子不应该这样"的想法来教育孩子，而是要同情孩子的缺点，这不是他的错，虽然需要改正，但是，要知道如果你的孩子改正了，他比没有缺点的孩子付出了更多的努力，他事实上更优秀。

3. 允许孩子犯错以及失败

生活中，父母常忍不住为孩子的错误和失败担心、着急，害怕孩子下次再犯，总是警告孩子："你到底要这样失败多少次？"可父母是否想过，在给孩子"不许失败"的压力时，他的心理负担会更重，情绪也会一直处于紧张状态，不但不能从失败的状态中走出来，甚至可能更糟。孩子失败了，但是他获得了"痛苦的体验"，将来就知道如何去避免，同时也有了挑战困难的契机。孩子从失败走向成功的过程，就是一个锻炼自身、慢慢成熟的过程，良好的心理素质和解决问题的能力会在这个过程中培养出来。

第三章
让内心变得更加强大：
提升孩子抵抗
挫折的能力

帮孩子克服胆怯心理，勇往直前

作为父母，我们总是希望孩子在陌生人面前勇敢大胆一些，不要扭扭捏捏；在陌生环境能有勇气面对陌生的一切，不要惊慌失措。但却事与愿违，我们经常听到一些家长抱怨："我儿子很胆小、怕生，家里一来客人，他就躲到我身后去了。""我的孩子胆子太小了，做什么事情都缩手缩脚的，根本不像一个男孩子。"……诸如此类的问题令家长们头疼不已。归结起来，孩子之所以出现上述这些情况，与其胆子太小有着很大的关系。

许多孩子都有胆怯、懦弱的一面。据心理学家调查发现，大约有40%的孩子承认自己性格中含有胆怯、懦弱的成分，他们在遇到突发事件或危险时，没有勇气去克服或进行积极的自救，只是一味地躲避或采取消极的方式来逃避这些压力或危险。

有一位母亲说：

女儿已经5岁了，在家里总是又蹦又跳，活泼得不得了。可是让我们感到头疼的是每次家里有客人来，她总是显现出六神无主的样子；那么小的人儿，显出与年龄极不相称的好静不好动，每次到朋友家里串门，她会一路吵着"不去，不去，我怕见到叔叔阿姨"，即便是到了目的地，女儿也像被钉在地上一样就是不进人家的门。

还有一位母亲十分无奈地说：

每次带女儿出去，我总是提前给她打"预防针"：诸如见到认识的叔叔阿姨、爷爷奶奶要主动问好，别让妈妈提醒了，人家问什么好好回答就是了……但十次有九次女儿拿我的话当耳边风，偶有巧遇，照常摆出"你有千条妙计，我有一定之规"的架势，而且把脸扭向一边根本不看人家；如果对方是高高大大的男性，女儿干脆趴在我身上给人家一个后背，有好几次弄得我都很尴尬。

孩子胆小性格懦弱，这是很多家长无可奈何的事情。一般来说，在面对陌生人或在一个不熟悉的环境中时，胆小害羞的孩子往往显得局促不安，不能与人坦率自然地交往；当遇到不熟悉但认识的同学，胆小害羞的孩子常常因为不好意思而没有与人打招呼，结果可能会让别人误解为高傲、目中无人，从而影响到人际关系；当一项新的任务摆在面前的时候，胆小退缩的孩子总是缺乏信心，认为自己可能胜任不了这项任务，可能就会放弃或逃避，于是就比其他孩子少了很多发展的机遇；胆小害羞的孩子总是过于在乎别人的评价，对于别人的话过于敏感，所以别人的一句否定或批评可能就会让他闷闷不乐、耿耿于怀，从而影响自己的心情；无论在学习上还是生活上，胆小退缩的孩子在追求目标时，总是缺乏主动性、勇气和信心，所以可能错过了原本属于自己的成功和幸福。可以说，胆小是孩子成长、成功道路上的绊脚石。

心理学家分析，孩子之所以胆小，除了先天气质的影响，后天教养方式是一个重要原因，具体说来有以下几方面：

1. 过度保护。有些家长对自己的孩子保护过度过细，捧在手上怕摔了、含在嘴里怕化了，日常生活中什么事情都不让孩子接触，生怕孩子苦着、累着、磕着、碰着。家长把孩子保护在一个绝对安全的状态之下，使其从来没有承受过外来的刺激或打击，没有学会自我保护，不知道如何去抵抗外来的侵扰，这种孩子自然很容易变得懦弱。

2. 过度严格。在过分严格的家庭教育下，由于孩子面对家长的强大压力，无法逃避，便习惯于对紧张刺激作出被动消极的反应。随着时间的推移，孩子在父母面前的屈从，就可能发展为在别人面前的懦弱。

3. 不良暗示。父母的不良暗示也会造成孩子性格懦弱。例如，当孩子调皮捣蛋时，家长为了制止孩子胡闹，经常恐吓孩子说，"你再闹就让××把你抓走""你再不听话，就把你送给××"，等等。这样的话语无形中就给孩子造成了一定的心理压力，孩子就会认为外面的世界很黑暗，坏人很多，自然就产生逃避或防备的心理。也有一些孩子听过一些可怕的故事，或者看过一些可怕的影片，心理留下了阴影，导致胆小不自信。

4. 交往太少。有些孩子除了跟父母长辈一起外，就很少与同龄的小朋友交往玩耍，接触外人也少，依赖性较强，不能独立地适应环境。这样的孩子一见生人就躲藏，生人一抱他就哭闹，如果送幼儿园，碰上新环境、新老师更是胆小。

本来孩子是初生牛犊不怕虎，只要家长们停止以上不正确的育儿方式，反其道而行之，孩子很快就能勇敢起来。

1. 让孩子自己的事自己做

生活中，有些父母总是认为孩子还小，或怕孩子经不起摔打，动不动就说："你不行""你还小"。家长的包办代替会养成孩子胆小怕事的性格，使其缺乏独立精神和应变能力，一旦离开父母便神色慌张，不知所措。所以，要教会孩子自己的事情自己做。当孩子能够自己拿个小板凳的时候，就不要轻易帮孩子拿板凳；当孩子自己能吃饭喝水的时候，就一定要让孩子自己动手。记住，孩子的事情一定要让孩子自己去做，这样才能锻炼孩子的动手能力，培养孩子勇于承担的品格。

2. 正确对待孩子的退缩行为

当发现孩子有胆小、退缩行为时，不要拿他跟别的孩子比较，要体谅他的心情；若由于心急而粗暴对待，则会使孩子更加恐惧，更不敢与人接触，尤其不能当着外人说"我这孩子就是胆小"，要积极强化孩子表现出的闪光点，鼓励孩子千方百计克服所遇到的困难；但也不能溺爱，以免孩子从心理上更加依赖父母，而是要以亲切的态度，诱导并鼓励孩子克服心理上的缺陷，去与周围环境及人接触。拓展孩子表现力的方法很多，但千万不要急于求成，否则会吓着孩子，使他又重新有退缩的心理。

3. 不要用打骂的手段教育孩子

简单粗暴的打骂教育手段，会让孩子产生恐惧心理。这种"怕"，也会在孩子的心灵扎根，不管遇到什么事，孩子的第一反应就是：怕。所以，父母在教育孩子时要注意"语言美"，不要动不动就对孩子说"你真笨""你这个蠢东西！"之类的有伤孩子自尊的话，更不能打孩子，否则，孩子就会变得谨小慎微、畏畏缩缩，而这些都是性格怯懦的先兆。

4. 扩大孩子的交往范围

要改变孩子的胆怯、懦弱性格，就必须纠正家长的过分保护或过分严格。家长要有意识地为孩子创造外出活动及与他人交往的机会，应鼓励孩子与小朋友们一起游戏、交往，参加各种文体活动。经常带孩子到公园或其他公共场所去，让他们走向社会，接触外界，认识社会，适应社会。家长还应带他们走亲访友，去各地旅游，以开阔他们的视野，丰富他们的知识。

让孩子拥有积极的心态

孩子心态的好坏，即是积极还是消极，对他能否获得学业或事业成功影响极大。如果说挫折教育是对意志的磨炼，那么对孩子积极心态的培养无疑就是其中的基石、核心和载体。父母通过培养孩子积极的心理品质，可以帮助孩子获得生存和发展的内在动力。

成功学大师拿破仑·希尔说："积极的心态就是心灵的健康和营养，能吸引财富、成功、快乐和健康；消极的心态却是心灵的疾病和垃圾，不仅排斥财富、成功、快乐和健康，甚至会夺走生活中已有的一切。"积极的心态对一个人成功的影响是至关重要的。如果你是一个能保持积极的心态，能掌握自己的思想，并引导它为自己的生活目标服务的人，你就能够获得成功。

在美国颇负盛名、人称传奇教练的伍登，在全美12年的篮球年赛中，替加州大学洛杉矶分校赢得10次全国总冠军。如此辉煌的成绩使伍登成为大家公认的有史以来的最称职的篮球教练之一。

曾有记者问他："伍登教练，请问你如何保持这种积极心态？"

伍登很愉快地回答："每天我在睡觉以前，都会提起精神告诉自己：我今天的表现非常好，而且明天的表现会更好。"

"就只有这么简短的一句话吗？"记者有些不敢相信。

伍登坚定地回答："简短的一句话？这句话我可是坚持了20年！重点和简短与否没有关系，关键是在于你有没有持续去做，如果无法持之以恒，就算是长篇大论也没有帮助。"

伍登的积极心态超乎常人，不单是对篮球的执着，对于其他的生活细节也保持这种精神。例如，有一次他与朋友开车到市中心，面对拥挤的车潮，朋友感到不满，继而频频抱怨，但伍登欣喜地说："这真是个热闹的城市。"

朋友好奇地问："为什么你的想法总是异于常人？"

伍登回答说："一点都不奇怪，我是用心里所想的事情来看待，不管是悲是喜，我的生活中永远都充满机会，这些机会的出现不会因为我的悲或喜而改变，只要不断让自己保持积极心态，我就可以掌握机会，激发更多的潜在力量。"

故事中的伍登能发挥潜能，能成功，是因为他能始终保持积极的心态，这就是成败的差异。人生是好是坏，不由命运来决定，而是由心态来决定，我们可以用积极心态看事情，也可以用消极心态看事情。但积极的心态激发潜能，消极的心态抑制潜能。只要你抱着积极的心态去开发潜能，你就会有用不完的能量，你的能力就会越用越强。反之，就只有怨天尤人，叹息命运的不公，变得越来越消极无为。

积极的人在每一次忧患中都看到一个机会，而消极的人则在每个机会中都看到某种忧患。有的人之所以能够成功，是因为他与别人共处逆境时，别人持有的是消极的心态，他却能在积极的心态指引下奋力拼搏。持消极态度的人只能是原地踏步甚至是退步，永远也不会到达成功的彼岸。

美国加州曾有位刚毕业的大学生，在一次冬季大征兵中他依法被征，即将到最艰苦也是最危险的海军陆战队去服役。这位年轻人自从获悉自己被海军陆战队选中的消息后，便显得忧心忡忡。在加州大学任教的祖父见到孙子一副魂不守舍的模样，便开导他说："孩子啊，这没什么好担心的。到了海军陆战队，你将有两个机会，一个是留在内勤部门，一个是分配到外勤部门。如果你分配到了内勤部门，就完全用不着去担惊受怕了。"年轻人问祖父："那要是我被分配到了外勤部门呢？"祖父说："那同样会有两个机会，一个是留在美国本土，另一个是分配到国外的军事基地。如果你被分配在美国本土，那又有什么好担心的？"年轻人问："那么，若是被分配到了国外的基地呢？"祖父说："那也还有两个机会，一是被分配到和平而友善的国家，另一个是被分配到维和地区。如果你分配到和平友善的国家，那也是件值得庆幸的好事。"年轻人问："那要是我不幸被分配到维和地区呢？"祖父说："那同样还有两个机会，一个是安全归来，另一个是不幸负伤。如果你能够安全归来，那担心岂不多余。"年轻人问："那要是不幸负伤了呢？"祖父说："你同样拥有两个机会，一个是依然能够保全性命，另一个是完全救治无效。如果尚能保全性命，还担心它干什么呢？"年轻人再问："那要是完全救治无效怎么办？"祖父说："还是有两个机会，一个是作为敢于冲锋陷阵的国家英雄而死，一个是唯唯诺诺躲在后面却不幸遇难。你当然会选择前者，既然会成为英雄，有什么好担心的？"

人生充满了选择，而生活的态度就是一切。相同的世界在不同的人眼中是不同的，有时看法甚至是截然相反的。心态不同，人对同样事物的认识就不同。你用什么样的态度对待你的人生，生活就会以什么样的态度来待你。你消极悲观，生命便会暗淡；你积极向上，生活就会给你许多快乐。

积极的心态对每个人的一生都很重要，对孩子未来更是如此。因为积极的心态总是与乐观、自信、成功联系在一起。如果你想孩子以后成为一个成功者，那么从现在开始，着手培养孩子的积极心态。

英国作家狄更斯说：一个健全的心态，比一百种智慧都有力量。对于孩子而言，消极的心态不但影响到孩子的学习兴趣、学习动力，而且还会直接影响孩子的心理健康，甚至会导致孩子产生不良的人生观。而一个心态积极的孩子，善于看到事物中积极有利、乐观向上的一面，在平时的学习生活及人际交往中能够建立起良好的关系；而且，心态积极的孩子常能心存光明远景，对未来有美好的期待，即使身处逆境，也能凭借乐观的心态、坚定的信念和顽强的毅力战胜困难、走出逆境。

积极的心态养成不是一天两天的事。孩子的成长总是要遇到各种各样的困难和挫折，如果长时间地不断打击，孩子就会产生消极心理。家长不可能改变大环境，只有通过日复一日的点滴引导，适时的鼓励和乐观态度的传递，才会使孩子拥有积极心态。

1. 用积极的心态影响孩子

孩子消极心态的形成，重要的影响因素在于父母的处世心态。常常抱怨的父母，把负能量传递给孩子的同时，也在教会孩子以消极、逃避的方式来面对世界。久而久之，消极的心态在孩子的大脑中根深蒂固，它如同一团浓黑的乌云笼罩在孩子的心灵上空，遮住了他们世界里的光。所以，父母是孩子的第一任教师，培养孩子的积极心态，先要从自身做起，心胸开阔，乐观向上，给孩子以积极的影响。另外，父母还要对孩子进行正确的教育，开阔他们的眼界，敞开他们的胸怀，使他们感受到生活的美好，他们才会有积极的心态。

2. 正视孩子的缺点

如果孩子和别的孩子不同，比如孩子太胖了，或者性格与行为很偏激，家长一定不要否认这些事实，而是要积极地和他讨论，一起寻找解决办法。

3. 多鼓励孩子

孩子的心理是脆弱、稚嫩的，当他们遇到失败、挫折时最需要的是鼓励。鼓励能使孩子崛起，特别是来自父母的鼓励，能带给孩子前进的力量，让孩子不停地尝试和行动，获得新的成功机会。

增强孩子的心理承受力

随着独生子女的增多和生活水平的提高，许多孩子生活在衣来伸手、饭来张口的环境中，父母拼尽一切为孩子遮风挡雨，一路保驾护航。生活中，他们减少了很多不如意，也少了很多磨炼自己的机会。尤其是有些家长太过于溺爱孩子，对孩子的事情全程包办，这就更加使得孩子一旦遇到困难、挫折就难以承受。例如，有的孩子考试考得不太理想，回来就把自己关在房间里不吃不喝或离家出走；有的孩子高考成绩不理想就自杀；有的孩子犯了错误，老师批评一下就受不了，只能受表扬、听顺耳的话等。试问，心理承受能力这么脆弱，长大成人后怎么面对复杂的社会，怎么闯出属于自己的一片天呢？这是一个值得父母深思的问题。

一名14岁的初二学生因为考试成绩不理想，一时想不开竟然跑到火车道上被一辆快速行驶的货运列车撞到，当即身亡。

这名学生在某市初二实验班读书，他的日常起居全由母亲照顾，父亲在外打工。出事后经了解，这名学生有两个表哥，都已经大学毕业，这给他树立了榜样。他的学习成绩一直非常出色，在实验班名列前茅。但是，刚刚结束的期末考试成绩却很不理想，他认为这是很大的失败。在此之前，他在外婆家就表示不想活了。

事发当天上午，他以外出散步为由，一个人要跑出家门。当时家人就很担心，于是他的叔叔骑摩托车陪同，没想到他在路过一座铁路桥时，竟然跳下摩托车，朝铁轨跑去。他叔叔立即产生一种不祥的预感，马上放下摩托车，跟在后面追，但是悲剧还是发生了。

据与他同班的一名女生介绍，他性格比较内向，平时在班上不大说话，但是学习成绩排在班级前三名。而他的母亲强忍着悲痛说："孩子小学时性格比较开朗，但后来发生了转变。这次考试成绩不好，我狠狠地批评了他几句，我以为这是为他好。唉……"

发生这样的事情总是让人唏嘘不已。其实，一次考试成绩不理想，如果说算失败，也只是非常小的失败。但是，这个孩子却感到无法承受和应对，需要用自杀的方式来解脱，这不能不说是心理承受能力太弱的表现。为了预防这类悲剧的发生，家长要积极地培养孩子的心理承受能力。

所谓心理承受能力是个体对逆境引起的心理压力和负面情绪的承受与调节的能力，是一种心理品质，它能反映出一个人对待困难与挫折的理智程度，社会风险意识及对自我思想、情绪、行为的控制能力等。

人不可能总是一帆风顺，免不了会遇到一些困难、麻烦、危险、挫折，甚至失败。一般来说，经受过多次挫折的人，有坚强意志的人的心理承受能力比较强。相反，从没受过一点儿挫折，意志薄弱、情绪稳定性较差的人的心理承受能力则比较差。因此，培养孩子的心理承受能力是教育过程中不容忽视的问题。

美国儿童心理学家安妮·梅斯坦博士指出：当孩子遇到一些失败和挫折时，应该告诉孩子困难和挫折都会过去。也许对成人来说这些话算不了什么，但对孩子来说却非常重要。孩子还小，缺乏生活经验，当遇到不能逾越的困难时，就以为一切都完了，在他们的想法里，一次失败就可以毁掉一切。

而父母要做的就是：让孩子在艰苦的环境中，改掉养尊处优的习气，磨砺其坚强的意志，让孩子学会在黑暗中看到光明，培养他们耐挫的能力和受挫后的恢复能力，让他们学会从别人或外界的给予中获得幸福。这样，他们才能在困难和挫折面前泰然处之，保持乐观的心态。

林峰在一所重点小学的实验班上学，每次考试，他的成绩都是第一名。为此，大家为他起了个绰号："一哥"。

可是，这个绰号在叫了几年之后，却在一次期中考试中戛然而止。这次林峰考砸了，成绩在全班排到了第16名。

当看到分数的那一刻，林峰伤心地哭了。他躺在床上想：完了，一切都完了。

顿时，林峰恨不得打自己几下。

妈妈看到儿子这样气急败坏的样子，温和地说："谁的人生路上总能够一帆风顺呢？挫折是难免的，对于坚强的人来说，失败更能磨炼他的意志。妈妈相信你，只要用乐观的心态去面对这次的失败，你就会战胜它的。"

听完妈妈的话，林峰沉思了一会儿，他想到了自己曾经在一本书上看到的一句话：生活中，总会遇到许多的小失败和小挫折，但是，只要不放弃，继续快乐地生活，乐观地面对失败和挫折，那我们就称得上是生活的强者！

自此之后，林峰发奋学习，并且制订了合理而周密的学习计划。到期末考试时，林峰又一次赢得了第一名。

培养孩子的心理承受力，需要在关键时刻给孩子强大的自信心，给予孩子以鼓励和支持。这个事例中的母亲就是用鼓励帮孩子走出了暂时的失败。

心理承受能力是一种很重要的个性心理品质。当代社会的竞争是相当激烈的，父母要是想让孩子在社会中生存，就要有意识地培养孩子抵抗挫折的能力，强化孩子的心理承受能力，这是父母给予孩子的使其受益一生的珍贵礼物。

孩子心理素质的培养是一个漫长的过程，作为家长，我们需要有足够的耐心，给孩子时间去经受挫折，同时在孩子经受挫折的时候给予鼓励与支持，久而久之，将给孩子带来超然的心态，让他们能够去面对未来生活的种种挑战。

1. 及时排解孩子的心理压力

孩子在成长的过程中，常常会面对一些心理压力，如成绩不良，被他人威胁、侮辱、打骂，家庭的不幸，等等。生活中，家长要密切注意孩子的心理变化，及时对孩子进行必要的心理疏导，使孩子对人生中的挫折有一个正确的认识，以提高其心理承受的能力。

2. 开展一些心理承受能力训练

为培养孩子的承受能力，可有目的、有计划地开展一些心理承受能力训练。比如，可在体育活动中有意识地培养孩子的意志品质；通过组织各种兴趣活动树立孩子的自信心；开展生活自理能力比赛等，使孩子树立正确的竞争意识；有时，在孩子取得成绩的时候亦可出点难题，在他们失败、失意的时候则给予鼓励，教育孩子得之不喜、失之不忧，始终以平和自然的心态参与生活和竞争，这样，才能使他们经得起未来人生道路上的风风雨雨。

3. 少责骂，多鼓励

当孩子犯错误时，家长应该保持着一个平和的心态，不要对孩子破口大骂，这样不仅会消减孩子的锐气，还会让孩子对父母心生怨恨。因此，家长对孩子要多鼓励、少责骂。

在日常生活中，父母应该多注意鼓励孩子，让孩子感受到他的成功，体会到成功的喜悦，增强心理承受能力。不过，父母也要注意，对孩子的鼓励也应适当。否则，会让孩子处处以自我为中心，就会变得任性、虚荣。这样，孩子就无法经受住困难与挫折。

4. 培养独立面对问题的能力

当孩子遇到困难、挫折时，家长的作用是辅助和引导，如果全权代劳，这会使得孩子更爱依赖于父母，而自己却经不住考验。所以，要培养孩子独立面对问题、解决问题的能力，当孩子能力得到提升之后，自然在心理承受能力方面会有改善，表现得更加自信从容。

5. 要求孩子加强体育锻炼

积极参加体育锻炼不仅可增强体质，还可增加心理承受能力。生活中，家长可以培养孩子掌握一项体育技能，如跑步、篮球、游泳等，这些体育技能除了能锻炼身体之外，必要的时候还能为孩子减压。

让孩子乐观面对一切

有人说，乐观的孩子不是没有痛苦，而是很快能从痛苦中看见光明。挫折教育就是要使孩子能在挫折中看到事物的另一面，看到积极的东西，不完全依赖外界，多方面获取幸福，而不是因为有挫折就觉得人生都变得灰暗。

乐观是一种积极的心态，这种积极的心态对孩子的成长起着重要的作用，因为它会改变孩子看问题的态度，态度的改变成就孩子人生的改变。乐观是孩子需要保持的一种心态，一旦孩子具备这种心态，他就会在人生的道路上始终把握一个积极向上的方向，不会偏离正确的方向。

美国有一对兄弟，一个出奇乐观，一个却非常悲观。

有一天，他们的父母希望兄弟俩的性格都能改变一些。于是，他们把那个乐观的孩子锁进了一间堆满马粪的屋子里，把悲观的孩子锁进了一间放满漂亮玩具的屋子里。

一个小时后，他们的父母走进悲观孩子的屋子时，发现他坐在一个角落里，一把鼻涕一把眼泪地在哭泣。原来，他不小心弄坏了玩具，怕父母会责骂自己。

当父母走进乐观孩子的屋子时，却发现孩子正在兴奋地用一把小铲子挖着马粪，把散乱的马粪铲得干干净净。看到父母来了，乐观的孩子高兴地叫道："爸爸，这里有这么多马粪，附近肯定会有一匹漂亮的小马，我要给它清理出一块干净的地方来！"

这个乐观的孩子就是后来的美国总统里根。他从报童到好莱坞明星，再到州长，直至当上了美国总统，这中间，积极乐观的性格起到了很大的作用。

乐观是一种性格倾向，使人能看到事情比较有利的一面，期待更有利的结果。孩子对那些能够满足自己需要的事物或对象，会产生一种积极的情绪体验，而对无法满足自己需要的事物则会产生消极的情绪体验。乐观的性格是孩子应对人生中悲伤、不幸、失败、痛苦等不良事件的有力武器。如果孩子无法乐观地面对人生，就会意志消沉，对前途丧失信心，而且长此以往，还会损害身体健康。

《乐观儿童》的作者、美国心理学家马丁·塞利格曼认为：乐观远不仅是一种迷人的性格特征，它实际上更是一种心理免疫力，足以帮助人们抵御生活中的任何困难。在生活中，拥有乐观品质的人是快乐、自信的，他们有较强的适应力、竞争力和耐挫力，能积极主动地面对困难和挫折。

巴西足球名将加林查，小时候不幸患上了小儿麻痹症，被疾病折磨得卧床不起。

父母伤心极了，小加林查更是急得要命，不住地问父亲："爸爸，我还能站起来吗？我什么时候能站起来？"听到儿子的问话，父母的心都要碎了，尽管他们异口同声地回答"能"，可是心里却没有任何把握。

他们知道，在这种情况下小加林查需要的是乐观和信心，否则可能会使病情更恶化。

父母带着加林查四处求医，走遍了附近大大小小的医院，但没有任何人说能够治愈这种病。

无奈之下，他们变卖了家产，来到了里约热内卢，去找医术最高明的医生。医生在为加林查进行了六次手术后，奇迹发生了，加林查站了起来。

他拖着虚弱的身躯迈出了一步、两步……看着加林查蹒跚起步，全家人都说不出的高兴。

加林查问母亲："我还能踢球吗？"母亲坚定地说："能！战场上有瘸腿将军，足球场上就会有瘸腿运动员，以后让你爸爸带你踢球。"

母亲的话给了孩子巨大的鼓舞，激励他为重新走上运动场努力与疾病做斗争。父亲也深知儿子的心思，从此父子二人密切合作，开始了新的足球生活。

踢足球是又苦又累的运动，不仅需要技巧，还要有健壮的身体和顽强的拼搏精神，这对正常人来说也不容易，对做了手术、刚刚会走动的加林查来说就更加困难了。

父母看到儿子摸着受伤的脚犯愁时，总是乐观地给予热情的鼓励和安慰，告诉孩子不要怕苦，不要退却，要坚持锻炼。

父母的乐观和鼓励给了加林查勇气、信心和力量，在父亲的陪伴下，他坚定了踢球的志向，克服了常人难以想象的困难，最终以高超的球艺赢得了人们的称赞。

19岁那年，加林查被批准参加了里约热内卢的博塔弗戈足球俱乐部，这是他人生中的一个转折点。他更加严格要求自己，刻苦练习，22岁时终于成为巴西足球队的主将。

在赛场上飞快地奔跑、巧妙地迂回的加林查引起了观众的注意，人们称他是一把不可多得的尖刀。加林查的奇迹来源于他的大勇大智，而他的这种大勇大智则是父母用爱心和积极乐观的精神铸造出来的。

一位教育专家说过："乐观的家长才能培养出乐观的孩子。"上例就是最好的证明，在加林查最困难的时候，是父母的鼓励和乐观精神感染了他，让他获得信心，战胜困难。

乐观是一种性格倾向，使人能看到事情比较有利的一面，期待更有利的结果。一个乐观向上的孩子，善于看到事物中积极有利、乐观向上的一面，在平时的学习生活及人际交往中能够建立起良好的关系；而且，乐观的孩子常能心存光明愿景，对未来有美好的期待，即使身处逆境，也能凭借乐观的心态、坚定的信念和顽强的毅力战胜困难、走出逆境。相反，一个悲观消极的孩子，则会过多地看到事物中消极不利的一面，经常产生悲观、失望、沮丧的情绪，长此以往，将会影响孩子身心的健康发展，扼制孩子自身潜能的发挥。因此，父母帮助孩子从小形成积极乐观的心态，避免消极心态对孩子的困扰，就是为孩子健康快乐的人生奠定牢固的基石。

乐观是孩子对未来充满信心和希望而又不断进取的个性特征。也许有些孩子天生就比较乐观，有些孩子则相反。但心理学家发现乐观思想是可以培养的，即使孩子先天不具备乐观品质，也可以通过后天的努力来实现。

当然，乐观的态度的形成并非一日之功，需要在生活中的细微处点滴地积累和培养，当孩子能把困难和痛苦看作是一种成长的快乐时，那也将是父母最大的快乐。

1. 让孩子远离悲观的人

要想让孩子保持乐观的心态，就一定要让他远离那些消极悲观的人。悲观的人会整日抱怨，不思进取，与这样的人在一起就会受到消极影响。只有让孩子远离这些思想悲观的人，多与积极乐观的人、锐意进取的人交流，孩子才会更加乐观向上！

2. 用乐观的态度感染孩子

孩子的乐观心态首先源自父母、源自家庭，培养孩子乐观的心态，首先要从父母自身做起。一个整日唉声叹气的家长，通常会培养出悲观消极的孩子；而一个乐观的家长，往往会培养出同样乐观积极的孩子。所以，家长要为孩子创设一个良好的心理环境，并注意自己的情绪、性格和为人处世，做到乐观豁达，不要把自己的坏情绪传递给孩子。

3. 教孩子学会换个角度看问题

凡事有利有弊。生活中，父母可以引导孩子从多角度对一件事进行思考和判断，从而使他学会从积极的角度去分析并处理问题。例如，孩子考试不及格，他可能会认为是自己很差劲导致的，结果他的所有注意力只集中在"自己很差劲"这一点上。面对这种情况，父母可以这样对他说："考试失利的原因有很多，不一定都是你的问题，就算是你自己的问题，你今后也是可以改变的。这次失败是一件好事，它提醒你不足，还需要努力，这应该成为你以后努力的动力啊！"这样会使孩子转移注意力，从而更关注如何努力。

4. 对孩子进行希望教育

乐观的孩子往往对未来充满了希望，悲观的孩子则往往觉得没有希望。因此，父母要对孩子进行希望教育。希望教育是一项细致的工程，需要父母及时地感受孩子的沮丧和忧愁，帮助孩子驱散心中的阴影。平时，父母要多引导孩子看到自己的进步和成绩，鼓励孩子想象自己的美好未来，让孩子对自己的未来充满希望。只要孩子对未来充满了希望，孩子必定会以乐观的心态去面对生活中的事情。

培养孩子的进取心

什么是进取心？所谓进取心，是指不满足于现状，坚持不懈地向新的目标追求的蓬勃向上的心理状态。

进取心是一个人成功最重要的原因之一。有人研究了美国最成功的500个人的生平，还结识了这些人当中的许多人。结果发现这些人的成功故事中都有一个不可缺少的元素，这就是强烈的进取心。这些人即使屡遭失败但仍旧十分努力。在他看来，积极进取的人会不断鞭策自己不断前进，以达到自己的人生目标。

进取心是成功的起点，有了成功的起点才有成功的人生。在我们的身上存在一种神秘的力量，它就是进取心。它不允许我们有丝毫懈怠，它让我们永不满足，每当我们达到一个高度，它就召唤我们向更高的境界努力。它是摆脱颓废的最佳手段，一个人一旦形成不断自我激励、始终向着更高境界前进的习惯，身上所有的不良品质和坏习惯都会逐渐消失。

有一天，布鲁斯去拜访毕业多年未见的老师。老师见了布鲁斯很高兴，就询问他的近况。

这一问，引发了布鲁斯一肚子的委屈。布鲁斯说："我对现在做的工作一点都不喜欢，与我学的专业也不相符，整天无所事事，工资也很低，只能维持基本的生活。"

老师吃惊地问："你的工资如此低，怎么还无所事事呢？"

"我没有什么事情可做，又找不到更好的发展机会。"布鲁斯无可奈何地说。

"其实并没有人束缚你，你不过是被自己的思想抑制住了，明明知道自己不适合现在的位置，为什么不去再多学习其他的知识，找机会自己跳出去呢？"老师劝告布鲁斯。

布鲁斯沉默了一会说："我运气不好，什么样的好运都不会降临到我头上的。"

"你天天在梦想好运，而你却不知道机遇都被那些勤奋和跑在最前面的人抢走了，你永远躲在阴影里走不出来，哪里还会有什么好运。"老师郑重其事地说，"一个没有进取心的人，永远不会得到成功的机会。"

进取心是一个人前进的动力。通往成功的路从来都不是平坦的，成功的大门也不是对任何人都开放的，只有拥有进取心的人才能一路披荆斩棘、过关斩将，才能信心满满地叩开成功的大门。

美国著名学者奥里森·马登说："进取心激发了人们抗争命运的力量，他来自天堂，是完成崇高使命和创造伟大成就的动力，激励着人们向自己的目标前进。这是宇宙力量在人身上的体现，并不是纯粹的人为力量就能创造这种动力。但是，我们每个人都会感到，这种激励的需要是我们人生的支柱啊，为了获得和满足这种需要，我们甚至愿意以放弃舒适和牺牲自我为代价。进取心最终会成为一种伟大的激励力量，会使我们的人生更加崇高。"

每一个成功者都有着勇往直前、不满足于现状的进取心。因此，进取心也是孩子成功的关键因素。对于一个有进取心的孩子来说，他每时每刻都在超越自己，在超越自己的同时追求卓越。

20世纪30年代，英国一个不出名的小镇里，有一个叫玛格丽特的小姑娘，自小就受到严格的家庭教育。父亲经常对她说："孩子，永远都要坐在前排。"父亲极力向她灌输这样的观点：无论做什么事情都要力争一流，永远走在别人前头，而不能落后于人，"即使是坐公共汽车，你也要永远坐在前排。"父亲从来不允许她说"我不能"或者"太难了"之类的话。

对年幼的孩子来说，他的要求可能太高了，但他的教育在以后的年代里被证明是非常宝贵的。正是因为从小就受到父亲的"残酷"教育，才培养了玛格丽特积极向上的决心和信心。在以后的学习、生活和工作中，她时时牢记父亲的教导，总是抱着一往无前的精神和必胜的信念，尽自己最大的努力克服一切困难，做好每一件事情，事事必争一流，以自己的行动实践着"永远坐在前排"。

玛格丽特在学校里永远是最勤奋的学生，是学生中的佼佼者之一。她以出类拔萃的成绩顺利地升入当时像她那样出身的学生绝少奢望进入的文法中学。

在玛格丽特满17岁的时候，她开始明确了自己的人生追求——从政。然而，那个时候，进入英国政坛要有一定的党派背景。她出生于保守党派氛围的家庭，要想从政，还必须要有正式的保守党关系，而当时的牛津大学就是保守党员最大俱乐部的所在地。由于她从小受化学老师影响很大，同时又想到大学学习化学专业的女孩子比其他任何学科都少得多，如果选择其他的某个文科专业，竞争就会很激烈。

于是，一天，她终于勇敢地走进校长吉利斯小姐的办公室说："校长，我想现在就去考牛津大学的萨默维尔学院。"

女校长难以置信，说："什么？你是不是欠缺考虑？你现在连一节课的拉丁语都没学过，怎么去考牛津？"

"拉丁语我可以学习掌握！"

"你才17岁，而且你还差一年才能毕业，你必须毕业后再考虑这件事。"

"我可以申请跳级！"

"绝对不可能，而且，我也不会同意。"

"你在阻挠我实现理想！"玛格丽特头也不回地冲出校长办公室。

回家后她取得了父亲的支持，就开始了艰苦的复习、学习备考工作。在她提前几个月得到了高年级学校的合格证书后，就参加了大学考试，并如愿以偿地收到了牛津大学萨默维尔学院的入学通知书。于是，玛格丽特离开家乡到牛津大学去了。

上大学时，学校要求学5年的拉丁文课程。她凭着自己顽强的毅力和拼搏精神，在1年内全部学完了，并取得了相当优异的成绩。其实，玛格丽特不光是学业上出类拔萃，在体育、音乐、演讲及学校活动方面也颇富才能。所以，她所在学校的校长也这样评价她说："她无疑是我们建校以来最优秀的学生，她总是雄心勃勃，每件事情都做得很出色。"

40多年以后，这个当年对人生理想孜孜以求的姑娘终于得偿所愿，成为英国乃至整个欧洲政坛上一颗耀眼的明星。她就是连续4年当选保守党党魁，并于1979年成为英国第一位女首相，雄踞政坛长达11年之久，被世界政坛誉为"铁娘子"的玛格丽特·撒切尔夫人。

"永远都要坐前排"是一种积极进取的表现，它能激发孩子一往无前的勇气和争一流的精神。有了这种精神，孩子就能在生活和事业上不断给自己提出新的目标，并为实现目标而不断努力。玛格丽特的故事就是一个很好的证明。

"天行健，君子以自强不息。"进取心是一个人不断成长、不断取得新成绩的直接动力。没有进取心就很难产生成功的动力，成功就少了支点。所以，只要我们有了进取心，就可以充分挖掘自己的潜能，实现人生的价值，充分享受人生的甘美。

进取心是一种人生在世的伟大理想，是一定要实现的宏伟目标。对孩子来说，有了它，就能克服一切自卑、自弃，激发出全部潜能；有了它，就能坚持不懈，不断学习和改进，以最快的速度完善自己；有了它，就会不畏艰难险阻，敢于创造出别人不敢、也不能创造出的奇迹。所以，父母要培养孩子的进取心。

1. 帮助孩子树立奋斗目标

设定目标对孩子的一生都起着至关重要的激励作用，在很大程度上决定孩子未来发展的道路。父母要鼓励孩子树立自己的目标，并引导孩子向着自己的目标去努力。在制定目标时，父母应从孩子的实际出发，不可过大过高，最好先制定那些容易达到的目标，然后再逐渐增加目标的难度。

2. 赏识孩子的点滴进步

孩子十分重视父母对自己的评价，当他得到了父母的赞扬时，他往往会信心百倍，会在以后的学习和生活中积极地展现自己，争取更好的成绩。所以，父母一定要赏识孩子的点滴进步，及时给她赞扬与鼓励。

3. 为孩子树立一个好的榜样

孩子的一言一行绝大部分是模仿得来的，父母的言行会一直影响着孩子。因此，父母必须从自身做起，用自己对事业的进取精神去影响孩子，让孩子在潜移默化中上进。这样比简单说教更为有效。

4. 让孩子不断超越自己

一个满足于现状、不思进取的人很难在事业上做出一番成就。相反，那些在事业上取得巨大的成功的人，他们都是不断超越自我的人。父母要告诉孩子，不要满足于现状，只有不断突破自我，追求卓越，才能成为一个真正成功的人。

骄傲的品质要不得

"虚心使人进步，骄傲使人落后"，这是一句经典的名言，它告诫人们遇到事情不能太过骄傲，一定要虚心，这样才能不断地前进。对孩子来说，也是如此，一定不能骄傲自满，否则后面很容易跌跟头。

现实生活中，有些孩子在取得一些优异成绩、听到声声赞誉之时，就认为自己非常优秀；有些孩子则只看到其他孩子的缺点，而总认为自己比他人优秀许多；有些孩子虚荣心很强，根本听不进逆耳的忠言；有些孩子受个人英雄主义影响，非常喜欢处处表现自己。总之，骄傲自大会极大地阻碍孩子的发展，产生消极的影响。骄傲自大的孩子常在自己的周围树起一道无形的"墙"，将自己与外界隔离，这使自己变得心胸狭窄。

姜波是班里的"尖子生"，不但学习好，而且体育、文艺也不错，所以总能听到老师和父母的表扬，总能看到其他同学对她投来羡慕的眼神。被光环包围的姜波认为自己是最聪明的，心想没人能在学习上超过自己。

一次，姜波的同桌刘铮遇到了难题，就向姜波请教。没想到姜波不但不耐心听刘铮说出疑问，反而开口闭口叫刘铮"大笨蛋"。刘铮忍了很长时间，心想只要弄懂了问题，被她说几句也无所谓，但是姜波并没有认真地讲解，只是随便糊弄了几下，让刘铮听得糊里糊涂。当刘铮让姜波再讲仔细一点时，姜波说："你真是一个大笨蛋，这么简单的数学题都不会做。"刘铮大为不满，他说："有什么了不起的，以后我不会再向你请教了。"

从那以后，刘铮不再向姜波请教，而且班里的很多同学也都知道姜波骄傲自大的毛病，大家逐渐疏远了她。

有人说："骄傲就像一个变化无常的魔术师，当它向你走过来时，它变出了一架按摩椅，使你享受着舒适，但当你转过身时，它又变成了一个恶魔，一下子向你扑来，使你深受其害。"骄傲是一个陷阱，潜伏在孩子们前进的道路上，孩子疏忽大意时，就容易掉入陷阱难以自拔。如果孩子在这个陷阱里不出来，就会永远退步下去。

苏联科学家巴甫洛夫在给青年人的一封信中这样写道："无论在什么时候，永远不要以为自己已经知道了一切。不管人们把你们评价得多么高，但你们永远要有勇气对自己说：我是个毫无所知的人。切勿让骄傲支配了你们。由于骄傲，你们会在应该统一的场合固执起来。由于骄傲，你们会拒绝有益的劝告和友好的帮助。而且由于骄傲，你们会失掉客观的标准。"的确，人一旦自恃高傲，就会自以为是，就会把视野局限在一个小圈子里，如井底之蛙一般。这样，就会严重阻碍自己继续前进的步伐。所以，人不能骄傲自恃，只有谦虚的人才可以接受更多的知识和能量。

父母应告诉孩子：绝不要骄傲。因为一骄傲，就容易得意忘形，就可能出现失误；因为一骄傲，就容易自以为是，目中无人，固执己见；因为一骄傲，就会拒绝别人的忠告和友好的帮助；因为一骄傲，就会丧失客观标准……因为一骄傲，就将面临失败的结局。父母要让孩子在前进的道路上保持谦虚谨慎的心态，当他取得成功后骄傲自满、疏忽大意时，应及时给他警醒，让他正确认识现实中的自己。

每个孩子都有骄傲的时候，但是骄傲之后能马上清醒地认识到自己的不足的孩子少之又少。很多孩子一旦骄傲便得意扬扬，在没有吃到骄傲的苦头之前认识不到骄傲的危害，直到因为骄傲摔了跟头，才意识到骄傲的危害。

晚上8点多，妈妈回家看见女儿躺在沙发上惬意地看电视，便问："作业写完了吗？"女儿没有搭理妈妈，显得不屑回答。看到女儿的神态，妈妈认为女儿应该写完了作业。

妈妈问："英语单词背了吗？"

女儿答："你怎么能用这种语气和一位英语得100分的人说话？"

妈妈问："你什么时候得100分了？"

女儿说："今天英语单词听写！"听写单词得了100分就骄傲成这样。妈妈决定打击女儿骄傲自满的情绪。

妈妈问："今天考数学了吗？"

"考了。"女儿的语气平和许多。

妈妈又问："考的什么？是应用题还是口算？"

"应用题。"语气依然平和，骄傲的情绪早已不见了。

妈妈故意问她："能考40分吗？"

"肯定可以！"女儿带着不满的语气回应道。

妈妈心想：难道女儿应用题考得不错？于是舒缓了一下语气，问："有不会做的吗？"

"有，3道题。"女儿的语气开始兴奋。

妈妈又说："看来你最多得40分。你肯定还有做错的题呢。"

"不会。"女儿露出非常自信的神态。

妈妈不解地问："为什么？"

"因为数学老师前几天表扬我进步了。"

妈妈没有忘记打击女儿的沾沾自喜，说："表扬你了你就这么骄傲，看来你连40分都考不到。"

第二天，女儿的成绩出来了，果然没有考到40分。

有些孩子取得了一点成绩就得意忘形，认为自己了不起，给自己过高的评价，并且目中无人，这种骄傲自大的心理对孩子的成长是极为不利的。因此，当孩子产生了虚荣和盲目骄傲自大的心理时，父母要找准时机，耐心引导孩子，让孩子知道骄傲自满只能带来失败。

1. 指导孩子谦虚做人

正所谓"满招损，谦受益"。谦虚是孩子成长路上的朋友，而骄傲却是成功的敌人。人人都喜欢谦虚的人，而不会与自以为是的人为伍。所以父母要培养孩子从小谦虚的习惯，要让孩子戒骄戒躁，善于发现别人的长处，虚心向他人学习，在谦虚中不断汲取知识，不断取得进步。

2. 让孩子学会善待批评和意见

正确面对批评和建议是谦虚的表现，也是终身的学问。有的孩子只希望得到别人的赞扬，一听别人的批评就不高兴，甚至骂人。比如，若有人说他懒惰、指出他作业中的错误，他就翻脸不认人。这是不谦虚的表现。谦虚的人敢于承认错误，勇于接受批评。父母要教育孩子懂得谁都会有缺点、都可能犯错误，伟大人物也是这样，要引导孩子努力改正错误。

3. 让孩子学会欣赏他人

只有学会欣赏他人，才不会自视过高。对于孩子来说，学会欣赏他人并非易事，但只要在日常生活中注意，从点滴做起，孩子慢慢就会做到，从而克服自负心理。家长应该教育孩子，不要总是拿自己的长处与别人的短处、缺点相比，甚至挖苦、讽刺别人，而应相互鼓励、共同进步，在学习别人优点的同时，不断改正自己的缺点，这样才会不断完善自己，不断得到提高。

4. 给孩子做出谦虚的表率

心理学家认为，孩子骄傲、自负性格的形成与父母有着很大的关系。父母如果骄傲自满、妄自尊大，孩子自然不知谦虚为何物。因此，父母要给孩子做出榜样，孩子看得多了、听得多了，自然就学会了父母谦虚做人的态度与行为。

培养耐心，让孩子"耐得住性子"

耐心被认为是一个人心理素质优劣、心理健康与否的衡量标准之一，也是孩子未来成功的关键因素之一。

有句俗话说，"心急吃不了热豆腐"。这正说明耐心是成功的关键因素之一。在心理学上，耐心属于意志品质的一个方面，即耐力。它与意志品质的其他方面，如主动性、自制力、心理承受力等有一定的关系。如果孩子缺乏耐力，就不可能有意志力，当然也就不会有力量战胜挫折。所以，如果想让孩子具备战胜挫折的力量，父母一定不要忘记训练孩子的耐力。

一位著名的长跑教练到某地物色新苗子，有个男孩子引起了他的兴趣，他叫男孩子当天下午给他打那个专用电话。

下午，他一直守在电话旁。电话铃响了，可是响了5下就没了。不久，电话铃又响了，可是响了4下又没了……

第5次，电话铃只响了一下，教练就把电话拿起来了，一听，果然是那个男孩打来的。教练问前面几次电话是不是他打的，男孩说是。

于是，教练决定不招这个男孩了。他说：电话铃一般是响15下之后才断的，可那个男孩连拨了5次电话，前4次都半途而废，然后再重拨，很没有耐心。原来，前几次，教练都是故意不接电话的，就是想考察一下对方的耐性，因为耐性对一个长跑运动员来说，尤为重要。

成功需要最后的那一点耐心，放弃的时候，也正是离成功最近的时候，这是人生不变的定理——人生犹如一条狭长漆黑的小巷，我们都穿行其中，而且都不知道巷子的长度。只有走到了巷子的出口才为成功。走在这样一条寂寞的小巷里，必须要有足够的耐心。毫无疑问，离巷子出口最近的地方，就是我们熬不下去、准备回头处。

富兰克林说："有耐心的人，能得到他所期望的。"耐心是成功的磨刀石。在人生的征途上，哪有一帆风顺？总会遭遇挫折，有时还布满荆棘，如果没有耐心，不能坚持到底的话，则很难看到成功的模样。

有一位全国著名的推销大师，即将告别他的推销生涯，应行业协会和社会各界的邀请，他将在城中最大的体育馆做告别职业生涯的演说。那天，会场座无虚席，人们在热切地、焦急地等待着那位当代最伟大的推销员，作精彩的演讲。

当大幕徐徐拉开，舞台的正中央吊着一个巨大的铁球。为了这个铁球，台上搭起了高大的铁架。一位老者在人们热烈的掌声中，走了出来，站在铁架的一边。他穿着一件红色的运动服，脚下是一双白色胶鞋。人们惊奇地望着他，不知道他要做出什么举动。这时两位工作人员，抬着一个大铁锤，放在老者的面前。主持人这时对观众讲：请两位身体强壮的人，到台上来。好多青年站起来，转眼间已有两名动作快的跑到台上。老人这时开口和他们讲规则，请他们用这个大铁锤，去敲打那个吊着的铁球，直到把它荡起来。一个青年人抢着拿起铁锤，拉开架势，抡起大锤，全力向那吊着的铁球砸去，一声震耳的响声，那吊球动也没动。他就用大铁锤接二连三地砸向吊球，很快他就气喘吁吁。另一个人也不示弱，接过大铁锤把吊球打得叮当响，可是铁球仍旧一动不动。台下逐渐没了呐喊声，观众好像认定那是没用的，就等着老人作出什么解释。会场恢复了平静，老人从上衣口袋里掏出一个小锤，然后认真地面对着那个巨大的铁球。他用小锤对着铁球"咚"敲了一下，然后停顿一下，再一次用小锤"咚"敲了一下。人们奇怪地看着，老人就那样"咚"敲一下，然后停顿一下，就这样持续地做。

10分钟过去了，20分钟过去了，会场早已开始骚动，有的人干脆叫骂起来，人们用各种声音和动作发泄着他们的不满。老人仍旧一小锤一小锤地工作着，他好像根本没有听见人们在喊叫什么。人们开始愤然离去，会场上出现了大块大块的空缺。留下来的人们好像也喊累了，会场渐渐地安静下来。

大概在老人进行到40分钟的时候，坐在前面的一个妇女突然尖叫一声："球动了！"霎时间会场鸦雀无声，人们聚精会神地看着那个铁球。那球以很小的摆度动了起来，不仔细看很难察觉。老人仍旧一小锤一小锤地敲着，人们好像都听到了那小锤敲打吊球的声响。吊球在老人一锤一锤的敲打中越荡越高，它拉动着那个铁架子"咣、咣"作响，它的巨大威力强烈地震撼着在场的每一个人。终于场上爆发出一阵阵热烈的掌声，在掌声中，老人转过身来，慢慢地把那把小锤揣进兜里。

老人开口讲话了，他只说了一句话：在成功的道路上，你没有耐心去等待成功的到来，那么，你只好用一生的耐心去面对失败。

耐心是一种坚韧。哲人说："无论何人，若是失去了耐心，就失去了灵魂。"耐心考验人的毅力和定力。古往今来，滴水穿石也好，铁杵磨成针也罢；愚公移山也好，精卫填海也罢，难在耐心、贵在耐心、成也在耐心。俗话说，慢工出细活。我们做很多事情，往往要靠绣花的精细功夫，而离开了耐心，这些都无从谈起。

柏拉图曾经说过：耐心是一切聪明才智的基础。但现在的很多孩子往往缺乏耐心，遇到很小的困难就放弃，或者做事情注意力不集中，没办法顺利完成一件事。如果孩子一直缺乏耐心，很不利于未来的学习、成长，严重的可能会影响孩子的一生。所以，家长一定要注意对孩子进行耐力训练。孩子一旦学会忍耐，他就会在困难和挫折面前做到坚持不放弃。

1. 让孩子学会耐心等待

愿意等待表示这个人有耐心、能忍耐。而孩子一般想要什么，都恨不得要马上得到。这个过程中，父母就要让孩子学会等待，孩子的要求即使是合理的，也可以等一会儿再满足他。如孩子喜欢吃糖果，但又不宜多吃，父母可以告诉孩子："吃多了会牙疼的，所以一天只能吃一块糖，你今天已经吃过了，只能等到明天再吃了。"让孩子有希望，延缓满足他的要求，既不会伤害孩子，也锻炼了他的耐心。

2. 多鼓励和表扬孩子

在孩子做事没有耐心、不能坚持下去时，父母要鼓励他做事不能半途而废，做好一件事要经过努力才能完成。孩子经过努力完成一件事时，应当及时给予表扬，强化做事有始有终的良好习惯。

3. 父母要做好典范

父母是孩子的榜样，孩子的很多表现都是向父母学习而来的。生活中，父母无论做什么事一定要有耐心，不要虎头蛇尾。

教孩子控制自己的情绪

控制情绪的能力是衡量一个人心理健康的重要标志。善于控制和调节自己的情绪，不仅有助于建立良好的人际关系，培养健全的人格，而且也是社会性成熟的一个重要标志。对孩子来说，如果学会了管理自己的情绪，就能避免被各种不愉快的感受击垮，从而走出困境，继续去做那些对自己的人生有意义的事情。

一位哲人说过："不善于驾驭自己情绪的人总会有所失。"的确，生活中有些人不善于控制自己的情绪，常会因一时冲动而伤害与他人之间的关系，使生活陷入一团糟之中。

在拿破仑·希尔事业生涯的初期，他曾受到过个人情绪的困扰。有一次，拿破仑·希尔和办公室大楼的管理员发生了一场误会。这场误会导致了他们两人之间相互憎恨，甚至演变成了激烈的敌对状态。这位管理人员为了显示他对拿破仑·希尔一个人在办公室工作的不满，就把大楼的电灯全部关掉。这种情形已连续发生了几次。一天，拿破仑·希尔在办公室准备一篇预备在第二天晚上发表的演讲稿，当他刚刚在书桌前坐好时，电灯熄灭了。

拿破仑·希尔立刻跳起来，奔向大楼地下室，找到了那位管理员并破口大骂。他用比火更热辣的词对管理员痛骂，直到他再也找不出更多的骂人的词句了，才放慢了速度。这时候，管理员直起身体，转过头来，脸上露出开朗的微笑，并以柔和的声调说道："你今天早上有点儿激动，不是吗？"管理员的话似一把锐利的剑，一下子刺进拿破仑·希尔的身体。拿破仑·希尔的良心受到了谴责。待他控制了愤怒的情绪后，他平静了下来，他知道，他不仅被打败了，而且更糟糕的是，他是主动的，又是错误的一方，这一切只会更增加他的羞辱。于是，拿破仑·希尔歉意地说："对不起！我为我的行为道歉——如果你愿意接受的话。"管理员脸上露出了微笑，他说："凭着上帝的爱心，你用不着向我道歉。除了这四堵墙壁以及你和我之外，并没有人听见你刚才说的话。我不会把它传出去的，我也知道你也不会说出去的。因此我们不如就把此事忘了吧。"

拿破仑·希尔向他走过去，抓住他的手，使劲握了握。拿破仑·希尔不仅是用手和他握手，更是用心和他握手。在走回办公室的途中，拿破仑·希尔感到心情十分愉快，因为他终于鼓起勇气，化解了自己做错的事。

之后，拿破仑·希尔下定决心，以后决不再失去自制。因为当一个人不能控制自己的情绪时，另一个人——不管是一名目不识丁的管理员还是有教养的绅士——都能轻易地将自己打败。

看来，学会控制自己的情绪，对于每个人而言都是相当重要的，它是我们成功的前提，更是我们身心健康的保证。

情绪控制是一个人人都必须掌握的很重要的能力，对孩子来说也是如此。孩子随着年龄的增长，也应该对自己的情绪学会收放自如，否则就会影响孩子的注意力、人际交往、适应和性格，最终影响孩子的生活质量。

海伦·波尔家住加州，她5岁的儿子乌多上次溜冰时发了一阵脾气。离海伦家不远的地方有一个旱冰场，去溜冰的孩子很多，于是，乌多便缠着妈妈，让妈妈给他买了一双漂亮的旱冰鞋，带着他前去练习溜冰。一上溜冰场，乌多便被一些大孩子的优美的溜冰动作吸引住了。这些孩子能够随心所欲地转向，偶尔还要做几个漂亮的动作，乌多看得心里痒痒的，便也跟着学了起来。然而，乌多每次想做一个稍微复杂的动作时，便会摔倒在地。

"我看到他越来越生气，心中的怒火随着一次又一次的摔倒而越烧越旺。"海伦回忆说，"最终，乌多愤怒到了极点：坐在地上，把新买的旱冰鞋脱下来，使劲往远处一扔，便哭了起来。"

对于成长中的孩子来说，由于他们自身生理、心理发育尚未成熟，对事物的认识不全面，一旦受到某些因素的影响，便会出现情绪波动。如果不能很好地控制情绪，就可能使孩子的心理失去平衡，甚至影响他的人格建构，影响他未来的生活和事业。因此，家长需要进行有效的干预，以及正确的教育和引导，让孩子意识到不良情绪的危害。

控制并且管理好自己的情绪对孩子的成长和以后的发展有非常大的帮助。有研究表明，儿童时期具有的情绪调节能力，而不是他们的智力，是他们以后生活中能否成功、是否快乐的最好预示。要想让孩子快乐成长，关键就是帮助他们学会调整情绪。

情绪管理是一种能力，也是一种智慧。指导孩子学会管理情绪，就是帮助孩子成熟和成长。

1. 教孩子一些调节情绪的方法

孩子是正在成长中的人，他的心智还没有完全成熟，他没有那么多心力来承担成人的喜乐哀愁。在孩子有情绪的时候，家长要教会孩子进行合理的宣泄，如大哭，或者与人进行交流，又或者可以进行运动，让自己的情绪在运动中宣泄出去，等自己的情绪平稳后，再来解决自己面临的问题。

2. 让孩子学会乐观地面对生活

积极的情绪体验能够激发人体的潜能，使其保持旺盛的体力和精力，维护心理健康；消极的情绪体验只能使人意志消沉，有害身心健康。为此，学会保持乐观的生活态度与情绪，对孩子来说是十分重要的。作为父母，要培养孩子乐观地面对人生，帮助孩子进取，克服一些他现在克服不了的困难，只有这样，才能教会孩子以正确的态度和措施保持乐观。

3. 给孩子做榜样

教孩子控制情绪，父母首先就应该很好地控制自己的情绪，不急不躁，友好和善地待人，为孩子营造祥和、宽松的气氛，在这种安定、温暖的气氛中，使孩子保持良好的情绪状态。

第四章
人生没有
过不去的坎儿：
给孩子战胜挫折的
勇气和力量

学会自我激励，让孩子为自己加油

在遭遇挫折时，有很多意志坚定的人，常常会自己给自己鼓劲加油，增强自信心，以摆脱不利的处境。这实际上就是自我激励。

心理学认为，自我激励从某种意义上说就是自我期待，人们激励自己的目的就是为达到所期待的目标。美国哈佛大学的心理学家威廉·詹姆斯发现，一个没有受过激励的人，仅能发挥其能力的20%～30%，而当他受到激励时，其能力可发挥至80%～90%，即一个人在通过充分的激励后，所发挥的作用相当于激励前的3—4倍。由此可见，激励的意义和作用是强大的。

德国人力资源开发专家斯普林格在《激励的神话》一书中写道："强烈的自我激励是成功的先决条件。"一个善于自我激励的人，总是能够发挥自身的潜能，创造出超越自己能力的神话；而一个不会自我激励的人，就算拥有良好的天赋，也无法开发出自己的潜力，甚至会走上绝路。

中古时期，苏格兰有位国王叫罗伯特·布鲁斯，他曾前后十多年带领着他的国民抵抗英格兰的侵略，但由于力量对比悬殊，6次都失败了。

一个雨天，战败后的布鲁斯悲伤、疲乏地躺在一个农家棚子里，几乎没有信心再战斗下去了。这时，他看到棚子里有一只蜘蛛在艰难地织网，将丝从一端拉向另一端，6次都失败了，然而这只蜘蛛并没有灰心，又拉了第7次，这次它终于成功了。

布鲁斯受到了极大的启发，"我要再试一次！我一定要取得胜利！"他激励着自己，重新建立起信心，以更大的热情带领人民进行战斗。这次他终于胜利了，将英格兰侵略者赶出了苏格兰。

苏格兰国王从一只小小的蜘蛛身上看到它再度奋起的勇气，他以同样的方式激励自己，在再试一次中实现了自己的理想。

自我激励是通向成功的一种方法。当自己孤立无援的时候，很多人想到的是寻找别人的肩膀去依靠，希望得到别人的安慰和鼓励。与其依赖别人，为什么不依靠自己呢？生活中的很多挫折、困难和打击都是需要自己独立去面对的，在别人给不了你帮助和支持的时候，自己就要学会为自己呐喊，为自己加油鼓劲。

自我激励，是一个人成功的必备素质。对于孩子来说，通过进行自我激励，可以激发他们的潜能，从而使他们有更好的表现，而良好的表现又会促使孩子做出进一步的自我激励。在生活中，父母要注意引导孩子学会自我激励，让孩子在自我激励的基础上发挥自己的潜能，走向成功。

吴涛在班级里成绩一般，每次看到考试成绩排在前五名的学生，吴涛就非常羡慕，真希望自己有一天也能像他们一样，受到老师的夸奖和同学的崇拜。吴涛想，我也不比他们笨，为什么做不到呢？为此，他为自己树立了一个目标：每次考试上升两个名次，相信一定可以达到最终目标。

吴涛学习更加努力了。虽然有时候只上升一个名次，他也不气馁，相信自己一定可以进入前五名。他不断地激励着自己，终于在半年后实现了自己的愿望，达到了第五名的成绩。他更加有自信了，相信自己一定能行，并定下向第一名冲刺的新目标。

自我激励是一种让人得到快速进步的好习惯，通过自我激励，孩子的潜能更容易被激发出来。当孩子遇到困难、身处逆境时，自我激励能让他迅速从困难和逆境造成的消极情绪中振作起来。学会自我激励的孩子，既能充满自信，又能尽早自立，获得更多的收获。

美国著名儿童心理学家海姆·G.吉诺特曾经说过："鼓励的关键，不在于父母对孩子说了什么，而在于孩子听了父母的话以后，在心里会对自己说什么。"从这句精辟的话语中我们可以看出，我们给予孩子的鼓励都是外因，当孩子将外因转化为内因，将我们的鼓励变成他的自我激励以后，他的行为才会发生根本性的变化。

教孩子学会自我激励，是家庭教育中不容忽视的重要内容。孩子的行为多是通过激励产生的，只有不断自我激励，孩子才会产生一种强大的动力，让自己去取得更好的成绩。自我激励会鼓舞孩子做出选择并付出行动，促进孩子的发展。

自我激励是孩子成长过程中不可缺少的环节。人的一生不可能一帆风顺，父母帮助孩子的最好办法，就是让孩子学会自我激励，给自己喝彩。

1. 及时鼓励孩子

一个人潜在的能量是巨大的，只要及时得到鼓励性的建议和表扬，他就有可能鼓足能量去做事。对孩子来说也是如此。只要及时、适时激励孩子，让孩子产生一种良好的自我感觉，孩子的自我激励也就产生了。

2. 让孩子学会积极的暗示

积极的暗示带给孩子的是积极的认识和体验，能帮助孩子稳定情绪、树立自信心及战胜困难和挫折的勇气，保持积极向上的精神状态。平时，父母可让孩子多进行积极的自我暗示。比如说："我能行""我一定能战胜困难""我是最棒的"等。那么，孩子在多次进行这样的心理暗示之后，他的行为慢慢地就会朝心理暗示中的目标靠拢。

3. 为孩子树立良好的榜样

父母是孩子最直接的榜样。如果家长遇到困难时，能够不断地鼓励自己，增强信心，进而克服困难，孩子自然能够受到感染，从家长身上学习到责任心和价值感，走向有意义的人生理想目标。

鼓励孩子勇于挑战自我

现实生活中，我们不但要勇于向他人挑战，还要勇于向自己挑战。挑战自己通常比挑战他人需要更大的勇气与毅力，但也唯有挑战自己才能超越自我，迈向更大的成功。有位作家说得好："自己把自己说服了，是一种理智的胜利；自己被自己感动了，是一种心灵的升华；自己把自己征服了，是一种人生的成熟。大凡说服了、感动了、征服了自己的人，就有力量征服一切挫折、痛苦和不幸。"

挑战自我是生命的要求。人活在世上不能只贪图安逸享受。慵懒自私的人永远也享受不到人生的真正乐趣。只有努力创造，全力拼搏，不断超越，才能在激烈的竞争中占有自己的位置，使生命的碰撞发出耀眼的火花。正如美国哲学家爱默生所说："我们最强的对手不一定是别人，而可能是自己。"如果你想要让孩子的人生更有价值，就应该让他们学会不断挑战自我。

一位音乐系的学生走进练习室。在钢琴上，摆着一份全新的乐谱。

"超高难度……"他翻着乐谱，喃喃自语，感觉自己弹奏钢琴的信心似乎跌到谷底，消弭殆尽。已经三个月了！自从跟了这位新的指导教授之后，不知道为什么教授要以这种方式整人。勉强打起精神，他开始用自己的十指奋战、奋战、奋战……琴音盖住了教室外面教授走来的脚步声。

指导教授是个极其有名的音乐大师。授课的第一天，他给自己的新学生一份乐谱。"试试看吧！"他说。乐谱的难度颇高，学生弹得生涩僵滞、错误百出。"还不成熟，回去好好练习！"教授在下课时，如此叮嘱学生。

学生练习了一个星期，第二周上课时正准备让教授验收，没想到教授又给他一份难度更高的乐谱，"试试看吧！"学生再次挣扎于更高难度的技巧挑战。

第三周，更难的乐谱又出现了。同样的情形持续着，学生每次在课堂上都被一份新的乐谱所困扰，然后把它带回去练习，接着再回到课堂上，重新面临两倍难度的乐谱，却怎么样都追不上进度，一点也没有因为上周练习而有驾轻就熟的感觉，学生感到越来越不安、沮丧和气馁。教授走进练习室，学生再也忍不住了，他必须向钢琴大师提出这三个月来何以不断折磨自己的质疑。

教授没开口，他抽出最早的那份乐谱，交给了学生。"弹奏吧！"他以坚定的目光望着学生。

不可思议的事情发生了，连学生自己都惊讶万分，他居然可以将这首曲子弹奏得如此美妙、如此精湛！教授又让学生试了第二堂课的乐谱，学生依然呈现出超高水准的表现……演奏结束后，学生怔怔地望着老师，说不出话来。

"如果我任由你表现最擅长的部分，可能你还在练习最早的那份乐谱，就不会有现在这样的程度……"钢琴大师缓缓地说。

这个事例告诉我们，每个人身上都蕴含着极大的潜能，只有不断挑战自己的极限，才会越来越强大。

俗话说："人向高处走，水往低处流。"人只有通过不断努力，挑战自我，超越自我，实现一个又一个目标，才能取得辉煌的成就。挑战自我意味着不断地追求，顽强地奋斗；意味着走前人没有走过的路，在你所从事的事业中寻找新的起点。

法国作家雨果说："所谓活着的人，就是不断挑战的人，不断攀登命运险峰的人。" 挑战自我是人的一生都要面对的话题，生活就是不停挑战自我走向新生的过程。陷入低谷时，需要挑战自我；渴望超越时，需要挑战自我。如果你想要活出精彩，就要随时做好挑战自己的准备。

曾有这样一个孩子，因为疾病导致左脸局部麻痹、嘴角畸形，所以他的长相十分丑陋，说话也不流利，带有口吃，而且还有一只耳朵失聪，但他却从来没有放弃对生活的热爱和渴望。也许，这个孩子注定是一个生活的强者，他比一般的孩子更快地走向成熟。他默默地忍受着别的孩子的嘲笑、讥讽的话语和目光，他自卑，但更有奋发图强的意志。当别的孩子在玩具中打发时间时，他则沉浸在书本中，在他读的书中有很大一部分是成人读物，他却读得津津有味，因为他从中学到了坚强，学到了一种永不放弃的品质。为了矫正自己的口吃，他模仿古代一位有名的演说家，嘴里含着小石子讲话。看着嘴唇和舌头都被石子磨烂的儿子，母亲心疼地流着眼泪说："不要练了，妈妈一辈子陪着你。"懂事的他替妈妈擦着眼泪说："妈妈，书上说，每一只漂亮的蝴蝶，都是自己冲破束缚它的茧之后才变成的，如果别人把茧剪开一道口，由茧变成的蝴蝶是不美丽的，我要做一只美丽的蝴蝶。"

后来，他能流利地讲话了。因为他的勤奋和善良，中学毕业时，他不仅取得了优异的成绩，还获得了良好的人缘，他周围的人没有谁会嘲笑他，有的只是对他的敬佩和尊重。

经过不断地努力，他变得博学多才、颇有建树。后来，他参加总理竞选，他的对手居心叵测地利用电视广告夸张他的脸部缺陷，然后写上这样的广告词："你要这样的人来当你的总理吗？"但是，这种极不道德的、带有人格侮辱的攻击招致了大部分选民的愤怒和谴责。当他的成长经历被人们知道后，他赢得了极大的同情和尊敬，他说的"我要带领国家和人民成为一只美丽的蝴蝶"的竞选口号，使他高票当选为总理，人们因此亲切地称他为"蝴蝶总理"。他，就是加拿大第一位连任两届、跨世纪的总理——让·克雷蒂安。

其实，人的成长也是一个由蛹化蝶的过程，非常痛苦，同时也是一个不断挑战自我、超越自我的心理历程。虽然在挑战自我的过程中，充满着艰难险阻，但只要我们做到了，就可以获得人生的回馈！

挑战自我对个人发展起着重要作用。对孩子来说，只有敢于挑战自己，才会不断努力进取，不断地突破自身，最大限度地发挥自身潜能，最终超越自我。可以想象，一个满足于现状、不思进取的孩子很难在将来做出一番成就。所以，父母应该培养孩子从小具备勇于挑战自我的精神，鼓励孩子挑战自己。

孩子如果敢于挑战自我，就等于拥有了智慧和胆量，就能促进自我提高和自我完善，使他赢得一种内在的力量，从而推动人生走向成功。

1. 鼓励孩子参加有挑战性的活动

生活中，父母可以让孩子多参加富有挑战性的活动。在实践活动中，他很可能会遇到各种各样的问题和困难，这时候父母尽量让孩子自己去解决，解决问题的过程也正是孩子战胜困难、战胜自我的过程。

2. 让孩子拥有追求成功的渴望

一个不甘平庸、追求卓越的人，在思想上或在行为上一定有所追求，渴望成功。如果孩子拥有成功的渴望，无论什么事情，他都会努力做到最好。在学习上也力争上游，努力向第一名靠拢。只要孩子抱有成功的信念，就一定能实现。在生活的其他方面也是如此。所以，父母要让孩子拥有追求成功的渴望。

3. 不让孩子为心灵设限

自我设限是人生的最大障碍，如果突破它，将会给人生带来难以置信的奇迹。一个人只有不断地突破自我的局限，不断为自己提出更高的要求，才能走出平庸的生活模式，激发出自己的潜能。所以，如果父母想让孩子超越自我，就不要让他为心灵设限，而是应该鼓励他积极地、不停地突破自我，勇于寻找机会锻炼自己，提高能力，追求卓越，拒绝平庸。

鼓励孩子参加体育锻炼

现在的孩子大多是独生子女，从小就娇生惯养，极少吃苦，身体与心理的承受能力极差，稍遇困难就后退、遇挫折就生事的例子比比皆是。对此，有教育界人士呼吁："鼓励儿童青少年多参与体育运动吧，这是孩子释放焦虑、经受挫折教育的最好方式。"

运动不仅能强健体魄，还能培养孩子形成良好的品格。多项国内外研究显示，那些体育成绩好的孩子，心情愉快、自信心强、上课专心、记得快、学得好、阅读和理解能力强。

早在古希腊时期，著名思想家亚里士多德就说过："最易于使人衰竭，最易于损害一个人的，莫过于长期不从事体力活动。"生命在于运动，没有运动也就没有生命。缺少运动的生命，是短暂的。运动不仅能增强体质，培养乐观、积极、向上的意志，增强人体对疾病的非特异抵抗力，同样也是合理生活方式和高质量生活的有机组成部分。

奥地利耳科医生巴雷尼小时候因病成了残疾，母亲的心就像刀绞一样，但她还是强忍住自己的悲痛。她想，孩子现在最需要的是鼓励和帮助，而不是妈妈的眼泪。母亲来到巴雷尼的病床前，拉着他的手说："孩子，妈妈相信你是个有志气的人，希望你能用自己的双腿，在人生的道路上勇敢地走下去！好巴雷尼，你能够答应妈妈吗？"

母亲的话，像铁锤一样撞击着巴雷尼的心扉，他"哇"地一声，扑到母亲怀里大哭起来。

从那以后，妈妈只要一有空，就帮助巴雷尼练习走路、做体操，常常累得满头大汗。有一次妈妈得了重感冒，她想，做母亲的不仅要言传，还要身教。尽管发着高烧，她还是下床按计划帮助巴雷尼练习走路。黄豆般的汗珠从妈妈脸上淌下来，她用干毛巾擦擦，咬紧牙，硬是帮巴雷尼完成了当天的锻炼计划。

体育锻炼弥补了由于残疾给巴雷尼带来的不便。母亲的榜样作用更是深深教育了巴雷尼，他终于经受住了命运给他的严酷打击。他刻苦学习，学习成绩一直在班上名列前茅。最后，以优异的成绩考进了维也纳大学医学院。大学毕业后，巴雷尼以全部精力致力于耳科神经学的研究。最后，终于登上了诺贝尔生理学或医学奖的领奖台。

体育锻炼是父母对孩子进行挫折教育的良好载体。鼓励孩子多参加体育活动，并养成锻炼的好习惯，培养一些体育爱好，孩子将受益终身。

体育锻炼的实质就是通过肌体的活动，促进某些器官、肌肉的发育，从而促进身体健康。同时，通过开展各种体育活动，还能培养良好的意志品质。在各种体育运动中，孩子通过坚持与努力，不断克服困难，最终超越了自我，这种永不言弃的精神会对其一生带来帮助。

磊磊自幼比较努力，学习成绩总是名列前茅，因此爸爸妈妈也不用过多操心。但他从小体弱多病，所以体育成绩一直都非常差，本来可以通过自身加强锻炼来增强体质，可他总借口累，而没有坚持。

有一次体育课，老师让学生们进行1000米长跑，磊磊还没坚持500米就被所有同学甩在最后面了。归队的时候，总感觉同学们在嘲笑他，心里非常难受。

放学后，磊磊将自己心里的苦闷讲给了妈妈，妈妈了解了整个过程后，温柔地说："孩子，你完全可以通过锻炼，将体育成绩和身体素质都提高上去，这样你就再也不会在体育课上丢人了。"

磊磊听了妈妈的鼓励以后，下决心一定要把身体锻炼好，不能再像小病猫蜷缩在温室里了。于是，每天早晨，他都要对着镜子对自己说三遍"我要坚持"，然后不论刮风下雨都进行锻炼，每当他想放弃的时候，他都会默默地对自己说："我再也不是病恹恹的小猫咪了，我要坚持！"当这种锻炼和激励成为一种习惯的时候，磊磊发现自己已经很久没有感冒过了，即使跑完1000米也不会像以前那样气喘吁吁，而且学习更有精神了，一点不会觉得枯燥和烦闷。

体育运动是一种积极的"挫折教育"，可以为孩子创造吃苦和体验失败的机会。在体育锻炼中，不但可以增强孩子体魄，还能磨炼孩子的意志，使孩子有积极进取的心态。

对生长发育中的孩子来说，运动就像阳光、空气和水一样，是其赖以生存、发展的必需品及健康成长的动力。大量事实证明，经常参加有益、适量的运动，孩子可以奠定坚实的身体基础，获得乐观的心态，形成顽强的毅力和坚强的意志，给紧张的生活以必要调节，而且还能获得亲近自然的机会和松弛大脑的愉悦。这样，孩子就能提高适应能力，全面顺利地成长和发展。可以说，运动是增强孩子抗击人生的风雨、益智健体的良方。所以，父母应把孩子的运动当作一项任务来完成，支持孩子运动。从小培养孩子对运动的热爱，形成运动的习惯，让孩子终生受益。

1. 鼓励孩子多参加体育锻炼

一个人的幼年和童年时代，即3—12岁之间，是人体发育的重要时期。这一时期生长发育的好坏，对人一生的体质和体型有很大的影响。因此带孩子进行合理的体育锻炼有着特殊的意义。父母要鼓励孩子参加学校组织的各项体育活动，哪怕孩子并不擅长，但是"重在参与"。只有让孩子养成长期坚持体育锻炼的好习惯，才能让孩子的身体稳定、健康地成长。

2. 让孩子形成锻炼的规律

家长不但要鼓励孩子参加体育锻炼，还应该让孩子养成锻炼的规律。比如，家长可以规定孩子每天几点睡觉、每天几点起床，在睡觉前和起床后进行体育锻炼，锻炼的时间长度也应该有所规定。这样有助于孩子养成锻炼的习惯。

3. 让孩子坚持锻炼

开国元帅朱德曾说过："锻炼身体要经常，要坚持，人和机器一样，经常运动才不会生锈。"确实，通过运动锻炼身体，增强体质，并不是偶尔的活动就可以实现的，而是要经过长期的锻炼与坚持才能实现。而且，坚持不懈地开展体育锻炼活动，还有利于培养儿童的意志力和自制力，使之形成良好的意志和个性品质。因此，父母要让孩子在运动中锻炼自己的毅力，让孩子在锻炼中学会坚持。

4. 家长要有带头作用

家长的言行是孩子最好的老师，热爱运动的家长必然会教出热爱运动的孩子。家长的行动比任何说教都管用，因此在培养运动习惯的态度上，父母担任最重要的带领角色。父母不需要是运动健将，只要每天尝试改变一些固有的生活习惯，如选择走楼梯、回家时早一个公交车站下车以多走路、每天习惯运动，亦会成为孩子的运动模范。

提升勇气，让孩子无所畏惧

当今社会处处充满了竞争，充满了风险，如果一个人想很好地立足于社会，就必须要具备独立面对困难和挫折的勇气。所以，父母要鼓舞孩子的勇气，让他多去尝试，并从失败中学习，愈挫愈勇。

勇气是面对任何事物都无所畏惧的心理状态。歌德曾说："你若失去财产，你只失去了一点儿；你若失去了荣誉，你就失去了许多；你若失去了勇敢，你就失去了全部。"在成功的道路上，如果你缺乏勇气和自信，如果你不敢面对现实和机会，那成功只能成为你遥不可及的梦想了。

勇气是什么？勇气就是一个人敢于尝试的一种动力。美国心理学家斯科特·派克说："不恐惧不等于有勇气。勇气使你尽管害怕，尽管痛苦，但还是继续向前走。"对一个渴望成功的人来说，勇气就是面对巨大困难也不放弃的精神，是在遭受挫折后还要再试一次的胆量。

卡洛斯·桑塔纳出生在墨西哥，17岁时随父母移居美国，当时由于英语太差，他的功课一团糟，他感到很自卑。

卡洛斯自幼随父学艺，歌唱得很不错，曾经在班里的几次活动中展现过他的歌喉。有一次，学校要举办年级歌手大赛，通知说学生可以自由报名，但是卡洛斯没有勇气去报名，他怕报名处的老师们奚落他。有一次他都走到报名处的办公室前了，还是没有勇气去敲门。

当报名时间只剩下两天时，他的音乐老师克努森问他："卡洛斯，为什么你不去报名呢？难道你没有看到通知吗？要知道，报名后天就截止了。"

"呃，克努森先生，您知道，我的成绩很糟糕，所以……"

"我知道，我看过你来美国以后的成绩，除了'及格'就是'不及格'，真是太糟了。但是你的音乐成绩却很优秀，我看得出来你是个音乐天才。为什么不去报名，让别人看到你优秀的一面呢？"

克努森老师将双手放在卡洛斯的肩膀上："孩子，有一句话，你一定要记住：不管你做什么，都要拿出勇气来，幸运女神的门只为有勇气的人敞开着。"

老师的话给了卡洛斯极大的信心，他勇敢地走向那间办公室报了名。在比赛中他用那美妙的歌喉征服了全校的老师和同学，一举夺得年级第一名的好成绩。

由于这次夺魁，卡洛斯对自己信心倍增。从此以后，他的其他功课成绩也渐渐向"良"的方向发展，而他最擅长的音乐则始终保持着"优"。

克努森老师的话给了卡洛斯极大的启迪，在他以后从艺的道路上，无论遇到什么困难，他都毫不退缩，奋勇向前。付出终有收获，2000年，52岁的卡洛斯·桑塔纳成为了第42届格莱美颁奖舞台上最大的赢家，独揽了含金量最高的格莱美年度专辑奖与年度歌曲奖。至此，他共获得了8次格莱美音乐大奖，是首位步入"拉丁音乐名人堂"的摇滚音乐家。

领奖台上，卡洛斯作了一次简短的演说，诉说了他对音乐的热爱，并着重强调了一点："幸运女神之门只为有勇气的人敞开着，没有足够的勇气，我就不会站在这个舞台上！"

其实，成功离你并不遥远，可能只是一扇门的距离，就看你是否有勇气打开这扇门。有些时候不是我们缺少成功的能力，而是缺乏走向成功的勇气。

勇气是孩子一生不可或缺的性格优势。塞万提斯说过：失去财富是损失，失去朋友同样是损失，而失去勇气则是最大的损失。的确，失去什么都不要失掉勇气！如果孩子失去了勇气，人生路上将充满黑暗，生活也就失去了意义，就会在前进的道路上迷失自己。有了勇气的后盾，即使遭遇任何不幸，也能召唤起重新开始的信念。

心理学认为，有勇气的孩子具有以下的几种特征：

第一，会去克服困难。

第二，即使失败也不会变得讨厌自己。

第三，挑战未知的事物。

第四，不会孤身一人去做，会和别人互相合作。

　　如果在孩子成长中缺乏这份勇气的话，孩子会变得很害怕失败，从而导致长大后不敢积极地面对生活。

　　张华今年上三年级了。他身体单薄、性格内向。学校里一个有"小霸王"之称的高年级学生经常欺侮他。张华曾经遭受过很多次的敲诈和威胁，还经常被打得鼻子、嘴巴流血。但是这个可怜的小男孩不敢告诉家长和老师，因为小霸王威胁他说："要是敢告诉老师和家长，你以后就别想有好果子吃！"

　　一天，小霸王又在张华放学的路上拦住他，要他明天务必"孝敬"一条烟，否则就会放他的血。张华再也受不了了，他根本没有钱，不可能拿出一条烟来。他竟然吞下了大量安眠药，怀着无以排解的恐惧离开了人世。

　　故事中的张华是可怜的，也是可悲的，当遇到他人的欺负和威胁不能勇敢地面对，结果成为了受害者。这主要是由于他缺乏面对困难的勇气，同时也说明了家庭教育的缺失，父母未能培养孩子勇敢的品质，导致他连起码的自我保护能力都不具备。

　　勇气是战胜一切困难的动力，胆小懦弱会被人欺负，勇敢和坚韧的人会得到他人的尊重，可以更好地在世上立足。

　　希腊有句谚语："勇气是上天的羽翼，怯懦却引人入地狱。"缺少勇气的孩子是可悲的，这将意味着他们无法施展自己的才能，展现自己的才华。面对这个纷繁复杂的世界，只有勇于展开翅膀飞向蓝天的孩子才能享受到飞翔的快乐。所以，父母应该鼓励孩子拿出自己的勇气去面对一切。

　　1. 放手磨炼孩子

　　要敢于放手让孩子在生活的海洋中得到磨炼。有的家长总是把孩子当成小孩子，或怕其经不起摔打，动不动就说："你不行""你还小"。家长的包办代替会养成孩子胆小怕事的性格，缺乏独立精神和应变能力，一旦离开父母便神色慌张，不知所措。适度的挫折与磨难对孩子的成长来说，是不可或缺的财富。家长千万不要轻易地将之剥夺，而应该放手让孩子自由玩耍。

2. 鼓励孩子的冒险精神

勇气与冒险是紧密相联的，适度的冒险是提升孩子勇气的重要方法。但有些家长因为怕出危险，往往忽视了对孩子冒险精神的培养，这样会让孩子滋生依赖性强、意志薄弱、责任感差等缺点，不利于孩子的成长。因此，当孩子对冒险性的活动产生兴趣时，家长千万不要毫无理由地拒绝孩子，相反，对孩子自己做主的冒险行为多一些宽容，鼓励孩子适度地去冒险，有利于培养他们的勇敢精神和自立能力。

3. 鼓励孩子大胆尝试

孩子有时会拒绝尝试新的或他们认为困难的事，但如果父母能启发他们找到解决问题的方式，或帮他们将目标确定成"试一试"，孩子的内心会轻松许多。例如，有启发性地问孩子"你觉得该怎么办呢"，允许孩子在尝试的过程中犯错误和改正错误，即便是尝试失败，也要让孩子觉得从中有所收获。只有这样，才能使孩子学会自我调节心态，克服困难去追求下个目标。

锻炼孩子的坚强意志

孟子曾说过："天将降大任于斯人也，必先苦其心志，劳其筋骨，饿其体肤，空乏其身，行拂乱其所为，所以动心忍性，曾益其所不能。"这段话生动地说明了意志力的重要性。从小锻炼孩子的意志力，重视培养孩子的自信心和勇敢精神，是挫折教育的重要内容之一。

意志力是一种强劲的心理力量。意志力薄弱的人，遇到一些困难挫折就想要放弃，因此做什么事情也难做好；意志力顽强的人则会创造奇迹，获得成功。

从20世纪40年代开始，哈佛大学的一些社会学家、行为学家和儿童教育专家对波士顿的400多名男孩进行了长达20多年的跟踪调查，了解他们的生活经历和成长过程。

在这些孩子进入中年的时候，研究人员对他们的生活进行分析发现，不管这些人的智力、家境、种族或受教育的程度如何，从小经历过困难和挫折的人，要比一般的人更充实、更美满。

专家分析说，那些经受过劳动锻炼和艰苦环境磨炼的孩子，具有比较坚强的意志力以及独立生活的能力和抗御挫折的能力，社会适应性较强，能很快成为社会中有价值的成员，他们懂得怎样生活。

斯蒂芬·霍金，是20世纪享有国际盛誉的伟人之一，剑桥大学应用数学及理论物理学系教授，当代最重要的广义相对论和宇宙论家。70年代他与彭罗斯一道证明了著名的奇性定理，为此他们共同获得了1988年的沃尔夫物理奖。他因此被誉为"继爱因斯坦之后世界上最著名的科学思想家和最杰出的理论物理学家"。

这么出色的一个人物，又有谁会想到他曾是一个被医生判为"死刑"的人，因患卢伽雷氏症，他全身瘫痪，并且无法说话，但他却克服了常人难以想象的困难，顽强地活了下来，并成长为一个当代最杰出的理论物理学家。在患病期间，他曾犹豫彷徨过，甚至想到过死亡，但他凭借着坚强的意志来面对生命不能承受之重。

霍金在剑桥读研究生那年，母亲发现儿子的动作有异常状况，他的身体协调能力变得笨拙，常常没有任何原因地跌倒。后来，他被送到医院进行各种各样的检查，被确诊患上了"卢伽雷氏症"，即运动神经细胞萎缩症。医生告诉母亲说，霍金的病情随着时间的推移会很快恶化，他将全身瘫痪，只有心脏、肺和大脑还能保持正常运转，到最后，心和肺也会失效。霍金被"宣判"只剩两年的生命。

是否将这个不幸的消息告诉儿子？母亲痛苦地思考着。看到瘦弱的儿子深邃专注的眼睛闪着智慧的光芒，母亲认为应该把真实情况告诉他。如果儿子是个坚强的人，他一定会承受这个灾难，勇敢地面对；一味隐瞒事实反而会引起儿子的怀疑，不利于他面对现实。

当母亲将这个消息告诉霍金时，他的大脑一片空白。他躺在床上呆呆地望着天花板，一句话也不说。母亲看着沉默的儿子，知道他内心非常痛苦。许久，母亲问："你知道苏格拉底吗？他为了科学而献身，死亡丝毫没有影响他的意志，直到生命的最后一刻还在研究问题。"

霍金点了点头。母亲告诉他，与其消极地等死，不如趁活着做些有兴趣的事情。她不断地引导儿子要扼住命运的咽喉，挑战生命的极限，实现人生的价值，为人类做出贡献。

在母亲的鼓励下，霍金终于作出了最后的决定，他对母亲说："妈妈，我不准备等死，我打算早点回学校，继续学业。请放心，无论我能活多久，我都要坚持下去，做一些自己喜爱的工作。"

听到儿子的表白，母亲落泪了，她知道坚强的儿子已经挺过来了。随后，霍金重返校园，继续学业，他与时间赛跑，不但活过了医生宣布的死亡年限，还成为了一个杰出的科学家。

一个人的成功很大程度是意志的成功，任何人要想做成一件事都需要意志品质的支撑。爱迪生曾说过："伟大人物的最明显的标志，就是他坚强的意志，不管环境变换到什么地步，他的初衷与希望仍不会有丝毫的改变，而终于克服困难，以达到预期的目的。"坚强的意志是人们克服困难，建功立业，战胜一切的精神支柱和力量源泉。

人生的道路布满了荆棘，只要我们拥有坚强的意志，就能战胜前进道路上的种种困难，成为生活中的强者。巴尔扎克说过："没有伟大意志力，便没有雄才大略。"古往今来，无数事实证明：若想要站在人生成功的彼岸，就得学会经受困苦、磨炼意志；能经历磨炼生命才能变得坚韧；能经得起挑战才会变得勇敢；能跨越挫折才会握手成功。

遗憾的是，现在的大部分孩子都缺乏意志力，他们生活在父母的溺爱与包办下，缺乏自我解决问题的能力、坚持不懈的毅力及抵抗挫折的耐力，这样的孩子在以后的生活中会遇到各种各样的麻烦，明智的父母应该从小就培养孩子坚强的意志力，给孩子的成长上一道保险。因为意志力表现为一个人实现自己生活、学习、工作直至人生目标的重要品质，同时，也是一个人克服困难、跨越障碍、解决矛盾的心智力量。

宋氏三姐妹，即宋霭龄、宋庆龄、宋美龄，是20世纪中国最显耀的姐妹组合。她们对20世纪的中国有着不可思议的影响力，在一定程度上影响了中国的历史进程，也因而成为世界关注的焦点。那么，这三位杰出的女性是如何被教导出来的呢？

宋家三姐妹还在爬行和学步阶段，其父宋耀如就鼓励她们："一步二步三步，好！跌倒了别哭，自己爬起来再走，好！一二一，一二一……"孩子们果然不哭，跌倒了爬起来再走。朋友们说他是"开孩子们玩笑"，宋耀如却回答："老兄错了，这不是开玩笑，这是人生之路的第一步，将来在社会上闯世界，全靠这第一步呀！"

孩子们渐渐长大。有一天，宋耀如特地选择了一个风雨交加的日子，带着姐妹三人去龙华。他不让孩子们参观龙华古刹，却让她们丢开手中的雨伞，站在古塔下淋雨。宋耀如指着高高耸立的龙华塔对她们说："你们看这座塔，千余年来不怕风雨，为什么？因为它基础牢固，骨架紧密。你们将来投身革命，就要从小打基础、练骨架。现在让我们一起开始比赛，围绕宝塔跑六圈，六六大顺！"宋耀如带头跑了起来，孩子们紧紧跟着父亲，有的孩子不小心在泥泞中跌倒了，却迅速地爬起来再跑，无一肯落后……

还有一次，姐妹兄弟几个人玩"拉黄包车"的游戏，霭龄装作黄包车夫，庆龄扮成乘客，其他的孩子跟在身后又蹦又跳。正玩得开心时，不料"车夫"拉车用力过猛，双手失去控制，一下把"乘客"抛了出去。"车夫"愣在那里傻了眼，知道自己闯了祸；"乘客"又疼痛又委屈，满脸不高兴。这件事被父亲知道了，他慈爱地对霭龄说："做游戏也要有分寸，'黄包车夫'可不光是使力气呀！伤了乘客还怎么拉生意呢？"小霭龄不好意思地笑了。父亲又笑着对庆龄说："我们的'乘客'这样宽宏大量，这样勇敢坚强，真是了不起！"小庆龄受到父亲的夸赞和鼓励，一脸的阴云散去了。长大以后，庆龄真的成为一位既富有爱心和宽容，又意志坚强、面对邪恶势力敢于斗争的伟大女性！

坚韧的意志力是孩子取得成功必需的心理品质，它也是保证和维持孩子奋斗的内在心理力量。人生路上，无论做什么事都会遇到一定的困难和问题，如果没有相当的意志力往往很难把事情做成，所以说，意志力的培养是相当重要的，这也是个性品质的一个重要特征，父母一定不要忽视对孩子意志力的培养。

1. 让孩子吃点苦

现代社会竞争绝不仅仅是知识和智能的较量，而更多的是意志和毅力的较量。孩子如果没有吃苦的精神和能力，他是不可能在激烈的竞争中获胜的。所以，父母一定要让孩子吃点苦，让他体验一下生活的磨难，以此来培养他坚韧不拔、百折不挠的意志。

2. 让孩子承受一些挫折和困难

锻炼意志力常常和困难、挫折在一起，因为克服困难常常需要更多的努力。父母应有意识地精心设计一些场景让孩子经历一下困难和挫折，然后因势利导，使孩子增强对困难、挫折的抵御能力，增强意志力，学会应对办法。

121

3. 要求孩子加强体育锻炼

积极参加体育锻炼不仅可增强体质，还可增加心理承受能力。其实，这与培养孩子的坚强意志是一回事。因为孩子会在体育锻炼的过程中懂得，想要到达终点目标就需要坚持。孩子在坚持的同时也培养了耐力和意志。

4. 利用名人事例激励孩子

每一个成功者必然都具有坚韧的意志，因为没有哪个人的成功不是克服重重困难，依靠坚韧的意志力的支撑而获得的。生活中，父母可以多给孩子讲一些名人故事或者让孩子多看一些名人传记，让孩子从名人成功的故事里体会到意志力的重要性，并利用名人的榜样作用时刻激励孩子。

给孩子点一盏希望的灯

作为父母，要让孩子心中充满希望，永远不要放弃希望，因为那是信念的基点，是力量的源泉，是照亮人生之路的探照灯，是打开成功之门的金钥匙。美国著名作家海明威曾说："人可以被打败，但不可以被打倒。"因为一个人只要心中有希望，任何外来的不利因素都扑不灭他对人生的追求和对未来的希望。很多时候，击败我们的不是别人，而是自己对自己失去了信心，放弃了心中应有的希望。

希望是什么？希望是引爆生命潜能的导火索，是激发生命激情的催化剂。只要活着就要有希望，只要每天给自己一个希望，我们的人生就不会黯然失色。

圣诞节前夕，美国纽约的街头，一个饥寒交迫的流浪汉在沿街乞讨。他已经差不多两天没有吃东西了。雪还在下，他站在一家商店的橱窗前，看着灯光，想象着里面的温暖。但这温暖不属于他，反而让他更加寒冷。

终于，上帝和他开了一个玩笑。他在马路上捡到了一美元硬币，他简直不相信自己的眼睛，但那确实是一美元硬币。可以让他吃好几顿饱饭，或者买好几件保暖的衣服，撑过这个该死的冬天。在那一瞬间，他突然想到了很多很多，有些想法连他自己都觉得可怕。

他不甘心做一个乞丐，也许这一美元硬币就是机会，就可以改变一生。一美元硬币让他重新燃起了对幸福生活的憧憬，现在这种希望正渐渐温暖着他，支撑着他，他甚至不觉得饥饿和寒冷，人也精神了，这一切都因为有了希望。经过深思熟虑，最后他决定要用这一美元硬币去做鞋带生意，因为他发现马路上很多行人的鞋带经常会脱落，大冷的天去鞋匠那买又很不方便。

他留了一点钱饱餐了一顿，剩下的钱全部买了鞋带。他每天都沿街叫卖鞋带，生意出奇的好，赚的钱也越来越多，他再也不用沿街乞讨了。

人生不能没有希望，所有的人都是生活在希望当中的，有希望的人生才能一路充满温暖的阳光。只要我们心中有一颗希望的种子，那么就一定会创造出奇迹。时刻对未来怀有希望，并为之锲而不舍地奋斗，才是具有最高信念的人，才会成为人生的胜利者。

鲁迅曾经说过："希望是附丽于存在的，有存在，便有希望；有希望，便是光明。"任何时候，人都要有希望，因为只有有了希望，生命才会有活力。人的一生中，往往会遇到很多的挫折与不幸，我们会有无助与失落的时候，我们也会感觉到绝望。此时，唯有重新燃起希望的火苗，让自己有足够的勇气与信念活下去，才会成就人生的辉煌。

一个孩子与父亲来到一个小农场。孩子在玩耍时，突然发现几棵无花果树中有一棵已经死了。它的树皮已经剥落，枝干也不再是暗青色，而是完全枯黄了。孩子伸手碰了一下，只听"吧嗒"一声，枝干折断了。

孩子对爸爸说："爸爸，那棵树早就死了，把它砍了吧！我们再种一棵。"可是爸爸阻止了他。他说："孩子，也许它的确是不行了。但是，它还有希望，冬天过去之后它可能还会萌芽抽枝的——它正在养精蓄锐呢！记住，孩子，有希望就有生机。"

果然不出父亲所料，第二年的春天，那棵好像已经死去的无花果树居然真的重新萌生了新芽，和其他树一样在春天里展露出生机。其实，这棵树死去的只是几根枝杈，到了春天，整棵树枝繁叶茂，绿荫宜人，和其他的树没什么差别。

昔日的那个孩子后来成了一名小学教师。在他20多年的教学生涯中，他不止一次地遇到类似的情形。比如，小时候背起字母来结结巴巴的皮埃尔，现在竟然成了一位小有名气的律师；当年那位最淘气、成绩差得一塌糊涂的巴斯克，成了大学的优等生，毕业后自己创办了一家大型公司。

然而，最不可思议的还是他的儿子布朗。儿子幼时不幸患了小儿麻痹症，几乎成了废人。可是小学教师记住了爸爸的话，要儿子永远不要放弃希望，一直鼓励他不要灰心丧气。现在，布朗已经顺利地完成了大学课程，担任了公共图书馆的管理员。要知道，布朗只有左手的3个手指能动弹，就是扶一扶眼镜也非常困难！

"有希望就有生机"这句话，一直鼓舞着当年的那个小男孩，每每遇到让他沮丧伤怀的事，他都靠这句话顺利度过了家庭和事业上的一个又一个危机。只要不轻易放弃，任何事情都会有转机。

希望是激励孩子前进的巨大的无形动力。西班牙思想家松苏内吉曾说过："我唯一不能缺少的东西就是希望。"当拥有了希望，无论怎样的黑暗之中也会看到光明，无论怎样的痛苦也会感到快乐。

苏联著名教育家马卡连柯曾说："培养人，就是培养他对前途的希望。"在漫漫的人生道路上，希望就像无边大海中的灯塔，指引着我们前进。如果孩子的心中充满了希望，那么希望就可以支撑他一步一步地去实现目标，无论是顺境还是逆境、机遇还是挫折。所以，父母应该让孩子带着希望生活，让他活出一个最好的自己。

1. 给在逆境中的孩子以支持

一般来说，孩子在逆境中的时候，会感到绝望和无助，此时一定最需要父母的理解和支持，所以父母一定要给予在逆境中的孩子以支持，并不断地鼓励他，让他看到希望。

2. 引导孩子笑对人生

笑是一种性格，更是一种胸怀；笑是一种态度，更是一种心情。笑能使心情轻松，思维敏捷；笑能增进团结，促进人际关系，笑更能让人积极面对挫折，不被困难吓倒。引导孩子笑对人生能让孩子以一种积极的心态面对挫折，发现生活当中的无限乐趣。

3. 培养孩子乐观心态

一般来说，积极乐观的人往往会对未来充满希望，即使遇到困难，他们也会迎难而上，憧憬未来。所以，父母要帮助孩子树立乐观的心态，让孩子积极地接受挑战、应对不幸，对未来充满希望。

引导孩子用必胜的信念战胜困难

一个人要想抵抗挫折，克服各种困难，坚定的人生信念是非常重要的。只有人生的信念坚定，才会让自己找到正确的人生定位和目标，才会朝着预期的目标一步一步地迈进，从而让自己离成功的人生越来越近。

生活中，我们可以看到：有的孩子敢于挑战，可以战胜一切困难；可有的孩子却连生活上的一些小事都做不来。其实，归根结底还是"信念"在作怪！

那些面对困难，迎难而上的孩子，他们对于自己的行为都保持着一种内在化的认知，那便是坚定的信念——我的人生我选择，我的选择我负责——正是这样的信念让他们走向了成功。而很多孩子惧怕失败、胆小自卑，往往便是缺少这样的信念。

罗杰·罗尔斯是美国纽约州历史上第一位黑人州长。他出生在纽约声名狼藉的大沙头贫民窟。这里环境肮脏、充满暴力，是偷渡者和流浪汉的聚集地。在这儿出生的孩子，耳濡目染，他们从小逃学、打架、偷窃甚至吸毒，长大后很少有人从事体面的职业。然而，罗杰·罗尔斯是个例外，他不仅考入了大学，而且成了州长。

在记者招待会上，一位记者对他提问："是什么把你推向州长宝座的？"面对300多名记者，罗尔斯对自己的奋斗史只字未提，只谈到了他上小学时的校长——皮尔·保罗。

1961年，皮尔·保罗被聘为诺必塔小学的董事兼校长。当时正是美国嬉皮士流行的时代，他走进大沙头诺必塔小学的时候，发现这儿的穷孩子比"迷惘的一代"还要无所事事。他们不与老师合作，旷课、斗殴，甚至砸烂教室的黑板。皮尔·保罗想了很多办法来引导他们，可是没有奏效。后来他发现这些孩子都很迷信，于是在他上课的时候就多了一项内容——给学生看手相。他用这个办法来鼓励学生。

当罗尔斯从窗台上跳下，伸着小手走向讲台时，皮尔·保罗说："我一看你修长的小拇指就知道，将来你是纽约州的州长。"当时，罗尔斯大吃一惊，因为长这么大，只有他奶奶让他振奋过一次，说他可以成为5吨重的小船的船长。这一次，皮尔·保罗先生竟说他可以成为纽约州的州长，着实出乎他的预料。他记下了这句话，并且相信了它。从那天起，"纽约州州长"就像一面旗帜，罗尔斯的衣服不再沾满泥土，说话时也不再夹杂污言秽语。他开始挺直腰杆走路，在以后的40多年间，他没有一天不按州长的标准要求自己。51岁那年，他终于成了州长。

在就职演说中，罗尔斯说："信念值多少钱？信念是不值钱的，它有时甚至是一个善意的欺骗，然而你一旦坚持下去，它就会迅速增值。"

理想和信念是人们的精神支柱，是人生路上的一盏明灯。很多时候，孩子的教育不像想象的那么困难，不在于天天和孩子讲什么道理，也不在于一定要进多好的学校，更不在于门门功课是多少分，关键是从小就要给他一个信念。罗杰·罗尔斯的成功就是最好的证明。

信念是成功的支柱。一个人要想做成大事，必须有一种强大的力量作为精神上的支撑，这种力量来源于个人强大的信念。一个人有多大的信念，就会取得多大的成就。信念是蕴藏在心中的一团永不熄灭的火焰，它让我们勇敢、无畏地去面对生命的艰难困苦，人生的风风雨雨，命运的潮起潮落。

信念并不深奥，其实就是相信自己，相信胜利，相信自己所确定的目标，相信自己为达到这一目标所具备的能力。

对于孩子而言，要想使他们战胜挫折，克服困难，就必须先帮助他们树立起必胜的信念。

海伦·凯勒出生于美国亚拉巴马州北部一个叫塔斯喀姆比亚的城镇。在她一岁半的时候，一场重病夺去了她的视力和听力，紧接着，她又丧失了语言表达能力。然而，就在这黑暗而又寂寞的世界里，她并没有沉沦，而是以坚定的信念挑战命运。没有视觉和听觉，她就靠手指来"观察"老师莎莉文小姐的嘴唇，用触觉来领会她喉咙的颤动、嘴的运动和面部表情，学习读书和说话。但是，这往往是不准确的。她为了使自己能够发好一个词或句子的音，要反复地练习。这样，有时难免会重复经历失败，但她从不在失败面前屈服。

海伦21岁的时候考入了拉德克利夫学院。在大学学习时，许多教材都没有盲文本，要靠别人把书的内容拼写在她手上，因此她在预习功课的时间上要比别的同学多得多。当别的同学在外面嬉戏、唱歌的时候，她却要花费很多时间努力备课。

最终，海伦用顽强的毅力克服了生理缺陷所造成的精神痛苦。她热爱生活，会骑马、滑雪、下棋，还喜欢观看戏剧演出，喜爱参观博物馆和名胜古迹，并从中得到知识。她21岁时，和老师合作发表了自己的处女作《我生活的故事》。在以后的60多年中，她共写下了14部著作，成为一个学识渊博，掌握英、法、德、拉丁、希腊五种文字的著名作家和教育家。她走遍了美国和世界各地，为盲人学校募集资金，把自己的一生献给了盲人福利和教育事业。这些事迹使她赢得了世界各国人民的赞扬，并得到了许多国家政府的嘉奖。

可以说，海伦创造了生命的奇迹。从一个近乎先天缺陷的孩子到一个创造奇迹的伟人，帮助她成功的正是信念——一种顽强不屈、积极向上的生活信念，让她最终创造了常人所不能创造的奇迹。

信念的力量惊人，它能改变恶劣的现状，达成令人难以相信的圆满结局。著名黑人领袖马丁·路德金说："在这个世界上，没有人能够使你倒下。如果你自己的信念还站立的话。"

信念是一种意志，是一种力量，带给人无限希望。对于孩子来说，在生活或学习过程中，无论遇到多大的麻烦，无论遇到多么强势的竞争对手，信念的存在都会让他充满力量、充满激情地去克服困难，赢得对手；相反，如果孩子没有坚定的信念，甘拜下风，那么等待他的结果只能是失败。

信念是一种动力，它增添生活的勇气，点燃生命的希望；信念是一种价值，它体现生命的意义，创造人生的未来；信念是一种执着，是走向成功的意志，是不屈不挠的精神。在孩子的成长过程中，父母要做的就是给孩子一个信念，它是孩子成长的动力。只要孩子有了正确的信念，一切无须担忧。

1. 不断给孩子灌输信念

信念是抽象的，且孩子年龄小，主观上可能不会意识到自己某一信念的存在，但是，潜藏在孩子心灵深处的信念总是在支配孩子行动的。所以，父母可以通过鼓励和赞美来肯定孩子的言行，不断给孩子灌输一种信念，慢慢地，信念的种子就在孩子的心中生根发芽，直至长成参天大树。当孩子意识到信念的存在、信念的力量，就会重新认识自己，超越自己。

2. 鼓励孩子坚定信念

在孩子的成长经历中，会遇到许多的困难和坎坷，家长必须告诉孩子，人不会一辈子都一帆风顺，唯一可做的就是坚定信念，永不放弃。这样，孩子就可以摒弃杂念、排除障碍、勇往直前。

第五章
多一些生活磨炼：增强孩子的抗击打能力

苦难是孩子生命中的礼物

生活中，很多父母秉持这样的心理：当年自己吃了太多的苦、受了太多的累，现在条件好了，就尽可能地让孩子多享受，对孩子百依百顺，让孩子少经历甚至不要经历任何的苦难。殊不知，正是这种过分骄纵和百般溺爱，导致了孩子心理不堪一击。

《百家讲坛》两位名嘴于丹和康震说过这样一句话："苦难是滚水，但我们可以将它煮成一杯香茶。"这个比喻跟现实很贴切，它道出了苦难对于孩子的意义：苦难是放在手中的一杯滚水，它能否成为一杯香茶，关键在于你往里面添加什么佐料。

苦难是什么？它是一种痛苦艰难的境况，它能激励人们思变、崛起、改变苦境，因此，从某种意义上说，也是一种"财富"。法国作家巴尔扎克说过："苦难对于天才是一块垫脚石，对能干的人是一笔财富，对弱者是一个万丈深渊。"的确，苦难是对人生的一种考验，也是磨炼人意志的战场。在意志薄弱人的眼里，苦难是魔鬼；而在意志坚强人的眼里，苦难则是天使。苦难虽然给我们带来痛苦，却会让我们变得坚强。

上帝经常抽时间到他所创造的人间巡视。这一天，他又来到人间散步，一个农夫认出了他，他小心地走向上帝，并对上帝说："仁慈的上帝呀！您终于来了，这几十年，我没有一天停止祷告，期盼着您的降临，这一天终于来了。"

上帝不解地说："这几十年，你都在祈祷什么呢？"

"我总是在祈求风调雨顺，祈祷今年不要有大风雨，不要下雪，不要地震，不要干旱，不要有冰雹，不要有虫害，让我的庄稼不要经受任何苦难，长得更好啊！"农夫虔诚地说。

上帝回答："我创造了世界，也创造了风雨，创造了干旱，也创造了蝗虫与鸟雀，我创造的是不能如人所愿的世界。这样，人们才会不断地进步和发展。这样人们才会去努力地生活，难道不是吗？"

农夫跪下来说："全能的主呀！可不可以在明年允诺我的请求，只要一年时间，不要风，不要雨，不要烈日与灾害，别人的田我管不了，能不能给我例外？我想过一种没有苦难、风平浪静的日子，就当你对我这多年的祈祷给予的一点回报，好吗？"

上帝说："好吧！明年如你所愿。既然你这么虔诚，但是，你需要为你的祈祷负责，你懂吗？"

第二年，农夫的田地里果然与众不同。别人的地里一如平常地经历风雨，而他的地里则平静如水。由于没有任何狂风骤雨、烈日和灾害，农夫田地里的麦穗比平常多了几倍，农夫暗喜不已，急切地等待收获的那一天。他为自己的要求而感到无比快乐！

到了收获的时候，农夫奇怪地发现他田地里的麦穗竟然没有结出一粒麦子。

农夫找到上帝，伤心地问道："仁慈的上帝，您是不是搞错了？为什么我的麦穗里没有麦粒？"

上帝说："没有错，我说过你要对你的祈祷负责的。你知道，一旦避开了自然的苦难，麦子也就长不出麦穗了。对于每一粒麦子，风雨是必要的，烈日是必要的，蝗虫也是必要的，它们可以唤醒麦子内在的灵魂。人的灵魂也和麦子一样，如果没有苦难的磨砺，人也只是一个躯壳而已。"

　　麦子不经历风雨和烈日就不会长出饱满的籽粒，同样，一个人不经历挫折就不会有大作为。一个著名成功人士说："生前没有经历困难的人，他的生命是不完整的。"人生没有痛苦，就会不堪一击。正是因为有痛苦，所以成功才那么美丽动人；因为有灾患，所以欢乐才那么令人喜悦；因为有饥饿，所以佳肴才让人觉得那么甜美。正是因为有痛苦的存在，才能激发我们人生的力量，使我们的意志更加坚强。

　　"苦难是人生最好的老师。"人生只有经受过苦难，思想才会受到锤炼，灵魂才会得到升华，意志才能得到坚强，才能真正认识人生，从而实现人生的最大价值。无论是谁都需要经历苦难，之后生命才更完整。正如作家刘墉所说："让我们一起寻找一个苦难的天堂。"因为苦难，也是一笔财富。

　　英国著名物理学家亨利·布拉格出身贫苦，父母都没有文化，但他们不愿意让孩子也没有文化，靠出卖体力为生。于是，他们拼命工作，省吃俭用，一心想叫儿子多读书，成为一个有学问的人。布拉格看到父母每天都很辛苦，为了能够减轻他们的负担，就在附近一家杂货店找到了一份工作，利用上学之余去帮工挣钱。

　　这件事很快就让父亲知道了，他把布拉格叫到身边和蔼地说："你真是个懂事的孩子，但是眼下你最重要的责任就是读书，只有把书读好了，以后才能改变我们贫穷的状况。"

　　布拉格是个懂事的孩子，他明白父亲的一片良苦用心，从此后，他学习非常刻苦认真，在班级、年级里总是名列前茅。由于他的成绩优秀，布拉格被保送到了威廉皇家学院学习。

　　在英国威廉皇家学院读书的孩子，大多是一些有钱人家的子弟。他们一个个衣冠楚楚、神气十足，而布拉格寒酸的穿着经常会受到他们的讽刺和挖苦。特别是那双与布拉格的脚大小不相称的破皮鞋，有些人就以此寻开心，甚至诬陷他，说这双皮鞋是偷来的。

然而，可恶的流言却从此流传起来，而且很快地传到了负责纪律操行的学监耳朵里。他把布拉格叫到办公室。用冷峻的目光紧紧地盯着布拉格那双大得不合脚的皮鞋上。布拉格明白了，他喃喃地说道："先生，我知道您为什么把我叫来，那些都是谣传，这儿有一封信，您看完就明白了。"他说着，从兜里掏出一张折得皱皱的纸，交给学监。学监接过纸片，只见上面写道："孩子，总想给你买双新鞋，可是真抱歉，……但愿再过一两年，我的那双破皮鞋，你穿在脚上不再嫌大。如果这双鞋你都能对付，那么以后还会有什么样的鞋你不能适应呢？我想你能明白我的意思。要是你一旦做出了成绩，我也将因此而深感自豪，因为我的儿子是穿着我的破皮鞋努力奋斗成功的。"

看过后，老学监被深深地打动了，他拍着布拉格的肩膀，深表歉意。而蒙受侮辱的布拉格，此时再也忍不住了，放声痛哭起来。

布拉格没有辜负父亲的期望，贫穷和凌辱没有击倒他，反而使他变得更坚强。后来，他终于成为了一位著名的物理学家。

俗语常说"穷人的孩子早当家"，吃苦的精神与良好的心态是从童年和青少年时期不断受挫和解决困难中培养起来的。对于孩子来说，艰辛的童年并不是什么坏事，它会成就孩子。只有让孩子不断进行苦难的磨炼，将来才能适应飞速发展、竞争激烈的社会。

对于孩子来说，苦难是一笔巨大的财富。正如一位哲人所说："如果你受苦了，感谢生活，那是它给你的一份感觉；如果你受苦了，感谢上帝，说明你还活着。人们的灾祸往往会成为他们的学问。"不要让孩子感觉吃苦就是不幸福。其实，逆境更能锻炼人，只有在走出了逆境之后，他们才能真正体会到什么是幸福。因为幸福可能是在克服困难之后才获得的精神愉悦。所以，家长们在疼爱孩子的同时，千万不要忘记让孩子多经历些"磨难"锻炼，只有经历了，他们才懂得珍惜，才会悟出做人的道理。

1. 舍得让孩子吃苦

舍得让孩子吃苦是父母培养孩子抗挫能力的一条重要途径。特别是在今天这个物质生活殷实的时代，更应该让孩子到艰苦的环境中去锻炼，培养他坚韧的品格和坚强的意志，这样他就有更大的能力去克服生活中的困难，就能经受住未来生活的磨炼，更能忍受艰难困苦、屈辱挫折。

2. 给孩子树立榜样

榜样的力量是无穷的，从小给孩子讲一些名人受苦受难的故事。比如，遭受失学挫折而奋发成才的爱迪生、华罗庚，战胜病残而卓有成就的海伦·凯勒、张海迪等。这些优秀人物的事迹都会给孩子带来鼓舞的力量。

教孩子学会保护自己

孩子的安全一直是家长心中的牵挂，让孩子真正学会自我保护，才是保证他们安全的前提。

现实生活中，一些家长为了防止孩子遭遇危险和意外，习惯将孩子置身于自己的庇护之下，对孩子进行过度的保护，其实，这是孩子成长中的一大障碍，是对发展中的孩子的一种莫大伤害。因为孩子总要长大，自己走上社会，在激烈的社会竞争中"最好的保镖是自己"，家长的过度保护会使孩子的能力得不到很好的发展，一旦走上社会就会相形见绌。

有个小女孩，因为父母有急事回不了家，她不知所措地在门外一直等待。幸好隔壁邻居发现她，并把她领回家中，才不致在外面过夜。

后来，邻居说，妈妈在门上贴着字条，让孩子回来后去奶奶家。可是小女孩却没看字条，只知在门口等，而不知去邻居家或给奶奶打电话。如果不是邻居发现了她，说不定她会在门外冻一个晚上。

这么简单的自我保护方法都不知道，这不得不让人觉得有点心寒。

孩子安全是所有父母共同关心的问题。但现代社会，孩子遭受伤害的事件频繁发生，令人触目惊心，细究这些事故发生的原因，会发现许多意外事件的发生，是因为孩子缺乏危险意识，自我保护的能力差。

有一天，14岁的女孩小玲在放学回家的路上，遇到一个30来岁的男士向她问路。小玲出于帮忙心理，详详细细地告诉了对方。但是，这位男士却假装搞不清，一个劲儿地问，最后对小玲说："还是麻烦你带叔叔去吧，我实在是找不到啊。"

小玲毫无戒备，就带着这位"叔叔"去了他要去的地方，等走到一个僻静的胡同里的时候，只见这个"叔叔"停了下来。就在那个傍晚，小玲被男人的兽性淹没了，当爸妈找到她的时候，她孤独地躺在胡同口，脸上挂着泪痕。

类似的事情常见诸报端。其中很多孩子遭受坏人侵犯的原因，就是由于他们不懂得自我保护。所以，家长很有必要培养孩子的自我保护意识，掌握自我保护的本领，这样，孩子才会更加健康快乐，家庭和生活才会更加和睦幸福。

自我保护能力是一个人在社会中保存个体生命的最基本能力之一，也是孩子独立生活的可靠保障。它有助于孩子尽早摆脱成人的庇护，成为一个独立自主的有生存能力的个体。为了保证孩子的身心健康和安全，使孩子顺利成长，家长应该加强对孩子的自我保护教育，培养和提高孩子的自我保护能力。

有这样一个故事：

一群在山里野餐的小孩子迷路了，在潮湿饥饿中度过了恐怖的一夜，他们无望地失声痛哭。"人们永远也找不到我们了，"一个孩子绝望地哭泣着说，"我们会死在这儿。"然而，11岁的杰克站了出来，"我不想死！"他坚定地说，"我爸爸说过，只要沿着小溪走，小溪会把我们带到一条较大的小河，最终你一定会遇到一个小市镇。我就打算沿着小溪走，你们可以跟着我走。"结果，孩子们在杰克的带领下，胜利地走出大山。

故事中的杰克是一个很有生存能力和自我保护能力的孩子，而这些能力不是天生的，得益于其父的后天的教育。目前，很多西方国家十分重视孩子的生存教育，从孩子懂事起，就教育他们如何学会生存和自立，并知道某种情况下怎样保护自己等。

自我保护能力是人的本能，也是孩子在社会上生存所必备的基本能力之一。学会保护自己是孩子成长过程中重要的一步。法国思想家卢梭曾说："人们只想到怎样保护他们的孩子，这是不够的。应该教给他成人后怎样保护他自己，教他经受得住命运的打击……"为了保证孩子的身心健康和安全，使孩子顺利成长，家长应该从孩子幼年时就加强对他们的自我保护教育，培养和提高孩子的自我保护能力，让孩子走出温室，健康、快乐、安全地成长。

1. 对孩子进行安全意识教育

孩子没有什么生活阅历和经验，年幼无知，他们又不知道什么事情能做、什么事情不能做，对于某些事情他们还偏偏喜欢做一些危险的尝试。对此，家长应该经常对孩子进行一些安全意识教育，通过看电视、听故事以及孩子目击由于不注意安全而导致灾难的事例，让孩子积累一些简单的社会经验，进而向他们提出一些安全规则，并讲清原因。

2. 教育孩子留意以下情况

（1）任何人都不可以随意触摸你的身体；

（2）如果单独一个人在家，有陌生人敲门，不要随便开门；

（3）若有人触摸你的身体隐私部位后叫你保守秘密，你要立刻告诉信赖的大人；

（4）外出时一定要将行踪告知父母；

（5）如果有人平白无故给你金钱或礼物，并提出性要求，就要马上拒绝，且让信赖的大人知道；

（6）不可以随便让别人拍照，特别是裸照；

（7）若有人说出不寻常的话或提出无理的要求，一定要拒绝以及告诉信赖的大人。

（8）接电话时，不要说自己一个人在家。

3. 教给孩子发生意外时的应急措施

让孩子懂得应急措施是非常必要的，比如遇到意外，要学会打报警电话，如110、119、120等；懂得一些基本的医学常识，如急救的方法；万一被坏人强行带走，要懂得找机会逃脱等。危险和意外是时时存在的，如果不给孩子讲清楚，那么孩子在遇到危险和意外的时候会束手无策，不能及时化解危险。父母要从身边的小事入手，教孩子掌握基本的应急措施。

让孩子学会在逆境中成长

意大利著名教育家蒙台梭利说过，让孩子在克服障碍中学习，这是一种非常有效的好方法。在孩子的成长过程中，失败与挫折在所难免。如果他能够不畏失败并克服困难，变不利为有利，就能获得成功，因为逆境之中埋藏着成功的种子。

没有谁一生都是一帆风顺的，任何一个人随时都会遇到逆境。英国哲学家培根说过："超越自然的奇迹多是在对逆境的征服中出现的。"关键的问题是应该如何面对逆境。当逆境降临到你的人生门口，以怎样的心态对待它，便成了人生归宿的契机。

很久以前，在法国里昂的一个盛大宴会上，来宾们就一幅绘画到底是表现了古希腊神话中的某些场景，还是描绘了古希腊真实的历史画面，彼此间展开了激烈的争论。看到来宾们一个个面红耳赤，吵得不可开交，气氛越来越紧张，主人灵机一动，转身请旁边的一个侍者来解释一下画面的意境。

这是一位地位卑微的侍者，他甚至根本就没有发言的权利，来宾们对主人的建议感到不可思议。结果却大大出乎了人们的意料，这位侍者的解释令所有在座的客人大为震惊，因为他对整个画面所表现的主题作了非常细致入微的描述。他的思路显得非常清晰，理解非常深刻，而且观点几乎无可辩驳。因而，这位侍者的解释立刻就解决了争端，所有在场的人无不心悦诚服。

大家对这位侍者一下子产生了兴趣。

"请问您是在哪所学校接受教育的，先生？"在座的一位客人带着极其尊敬的口吻询问这位侍者。

"我在许多学校接受过教育，阁下，"年轻的侍者回答说，"但是，我在其中学习时间最长，并且学到东西最多的那所学校叫作'逆境'。"

这个侍者的名字叫作让·雅克·卢梭。他的一生确实都是在逆境中度过的。早年贫寒交迫的生活，使得卢梭有机会成为一个对社会有着深刻认识的人，尽管他那时只是一个地位卑微的侍者。然而，他却是那个时代整个法国最伟大的天才，他的思想甚至对今天的生活仍有着重要的影响。卢梭的名字和他那闪烁着智慧火花的著作，就像暗夜里的闪电一样照亮了整个欧洲。

就像卢梭说的那样，他这一切伟大成就的取得莫不得益于那所叫作"逆境"的学校。人总是在逆境中不断成长，因为只有在困难中才会发现自己身上的瑕疵，从而完善自我。只有面对和忍受逆境的痛苦，成功的机遇才能表现出来。许多人要是没有遇到逆境，他们是不会发现自己真正的强项的。他们若不是遇到极大的挫折，不遇到对他们生命巨大的打击，就不知道怎样焕发自己内部贮藏的力量。

《菜根谭》中说："居逆境中，周身皆针砭药石，砥节砺行而不觉；处顺境时，眼前尽兵刃戈矛，销膏靡骨而不知。"其大意是：久处顺境，易生骄奢淫逸和惰性。而人在身陷逆境时，资源匮乏，精神压抑，成功欲望迫切，成才动机强烈，因此常常能够取得在顺境中难以取得的巨大成功。事实正是如此，豪门子弟多不成器，而出身贫寒者始终处于忧患之中，逆境使人别无选择，逆境给人很大压力，而压力能激发出强劲动力。

安徒生是一个穷苦鞋匠的儿子，小时候，他不仅经常和饥饿打交道，同时还处处遭到人们的鄙视。但他却有一个在当时被认为是与他出身不相称的、"异想天开"的志向——他想当一个艺术家。但是他家里很穷，请不起老师。于是，父亲就亲自给他上课，教他哲理，让他懂得了世间情怀，懂得了怜悯，也懂得了写作。11岁时，父亲病逝了，酷爱文学的他，独自一人来到丹麦首都哥本哈根，开始了在艺术领域的拼搏生涯。终于，在一次偶然的机会中，他的才华释放了出来，获得了免费就读的机会，这对于一个家境贫寒的青年是一次多么难得的机会！5年后，就在1828年，他升入了哥本哈根大学。毕业后一直没有工作，主要靠稿费维持生活。1835年，30岁的安徒生开始写童话，出版了第一本童话集，仅61页的小册子，内含《打火匣》《小克劳斯和大克劳斯》《豌豆上的公主》《小意达的花儿》共四篇。但作品并未获得一致好评，甚至有人认为他没有写童话的天分，建议他放弃，但安徒生说："这才是我不朽的工作呢！"

从此，他开始专注于童话创作。一篇又一篇的优秀作品接连不断地问世，事业一次次达到高峰，但他的生活却一直处于低谷。他的一生都是在逆境中度过的，自幼贫穷，早年丧父，终身未娶。贫穷、孤独、悲痛的窘境无时无刻不在伴随着他；也可以说，他的一生都是在顽强的拼搏中度过的，他不断地与命运周旋、抗争着。他的作品为世间带来了一丝温暖，为孩子们带来了幸福与欢乐，自己生活在寒冷的冬天也在所不惜。

逆境是促使人奋发向上的动力，也是造就英雄和豪杰的先决条件。如果一个人能够在逆境中脱颖而出，那么这个人就一定有卓越的成就。也就是说，任何人在逆境中只要不怕不舍，奋勇前进，就可以成才。

心理学研究表明，有两种人能经受考验。一种人是在逆境中成长起来的；另一种人虽没有逆境可言，但从小受过良好的教育，心胸开阔，有坚强的个性。现在的孩子由于生活条件的改善，大多没有遇到过逆境。要想让这些孩子成才，让他们学会正确地应对挫折，家长们就要善于引导孩子，让他们在生活中得到磨炼，从而促使其健康地成长。

1. 引导孩子挑战逆境

面对逆境，沮丧、灰心，绝望地悲叹命运不公都无济于事。父母要告诉孩子，保持一颗乐观向上的心，坦然面对失败，挑战生活，挑战逆境。只有历经磨难，才能到达巅峰，才能看到最美的风景，逆境不可怕，可怕的是没有挑战逆境的勇气。只有认真、努力地对待逆境，它才会变成一条蜿蜒的小路，将我们导引向成功的殿堂。

2. 教孩子调整情绪

一旦身处逆境，孩子肯定会情绪低落，父母不要让孩子陷入消极的情绪之中，而是要让孩子学着面对一切，多想自己擅长的、优秀的方面，不断改变劣势，让孩子能够以一种积极的心态来面对生活中的逆境和各种挑战。

教孩子勇敢地面对困难

　　全国少工委和中国青少年研究中心曾经联合向16350名小学生进行问卷调查，在回答"遇到困难时怎么办"时，97％的孩子选择"找父母和老师"，而不是自己解决问题，因为他们缺乏面对困难和挫折的勇气。

　　为什么会出现这样的结果呢？原因很简单。现在的孩子多为独生子女，家长疼爱有加，当孩子遇到困难时，家长就会一马当先、大包大揽，致使孩子长到很大时，尚不会自己克服困难，一遇到困难就焦虑紧张、唉声叹气、不知所措。试想，这样的孩子将来如何独立面对困难、立足社会？所以，父母必须要从小培养孩子勇敢面对困难的精神。

　　古人云："叹人生，不如意事，十常八九。"在人的一生中，事事如意、一帆风顺地驶向彼岸的时候是很少的。或学习中遇到困难，或生活上遭到不幸，或事业上遭到失败，这些都有可能发生。只有练就健康的心理素质，才能够面对困难，勇于挣扎，跨过生活的沼泽地，到达胜利成长的彼岸。因此，教育孩子勇敢地面对困难，可以帮助他们在不幸降临时，坚定意志，冲开重重困难，走向通往胜利之路，成为征服困难的英雄、掌握自己命运的主人。

　　美国总统约翰·肯尼迪的爸爸从小就注意对儿子独立性格和精神品质的培养。

　　有一次，他赶着马车带儿子出去游玩。经过一个拐弯处，因为马车速度非常快，马车猛地把小肯尼迪甩了出去。当马车停住时，小肯尼迪以为他爸爸会下来扶他一把，但他爸爸却坐在车上悠闲地掏出烟吸起来。

小肯尼迪叫道："爸爸，快来扶我。"

"你摔疼了吗？"

"是的，我自己感觉已站不起来了。"小肯尼迪带着哭腔说。

"那也要坚持站起来，重新爬上马车。"

小肯尼迪挣扎着自己站了起来，摇摇晃晃地走近马车，艰难地爬了上去。

他爸爸摇动着鞭子问："你知道为什么让你这么做吗？"

小肯尼迪摇了摇头。

他爸爸接着说："人生就是这样，跌倒，爬起来，奔跑；再跌倒，再爬起来，再奔跑。在任何时候都要靠自己，没人会去扶你的。"

小肯尼迪听了，似懂非懂地点点头。

不过，从那以后，他对大人的依赖明显少了很多。遇到事情也不总是光顾着哭鼻子，因为知道没有人可以帮助自己，他必须想办法解决自己遇到的问题！

人的一生会经历许多痛苦和挫折，孩子成长的过程本来就是一个不断摔倒再爬起来的过程。当孩子面对困难的时候，家长不要着急为孩子"铺平道路"，而应该引导孩子把困难看成挑战，勇敢地面对困难，每一个孩子都可以从挫折中学到一定的知识、经验和勇气，这就是孩子们战胜挫折得到的最丰厚的战利品。所以，当困难和痛苦不以我们的意志为转移时，我们要不失时机地抓住机会，来锻炼孩子面对困难的勇气。

甘地夫人是印度前总理，她不仅是一位出色的领袖，更是一个懂得如何教育孩子的好母亲。

在她看来，我们的生活中既会有幸福，也少不了坎坷。教育孩子的目的，最重要的是培养他健全的人格，让孩子能够从容不迫地应对日后生活中的各种困难。而作为母亲，就有责任和义务帮助孩子具备这种能力，让孩子学会坦然面对挫折，努力克服困难。

在甘地夫人的大儿子拉吉夫12岁那年，因为生病需要进行一次手术。当时拉吉夫对这次手术深感害怕。主治医生原本打算说一些"善意的谎言"安慰拉吉夫："手术并不痛苦，你用不着害怕。"

但是，甘地夫人却对他说："孩子已经懂事了，撒这样的谎反而会对孩子造成不好的影响。"所以，她没有采纳医生的意见，而是来到儿子身边，平静地对他说："妈妈需要告诉你几个问题。第一，手术做完之后的几天，是很痛苦的；第二，你的痛苦只能自己承受，谁都代替不了，所以，你必须做好心理准备；第三，流泪和叫苦对减轻痛苦一点作用也不会产生，而且还有可能引起头痛。"

听了母亲的话，拉吉夫勇敢地接受了手术。手术后的恢复过程中，拉吉夫并没有因伤口的疼痛而哭泣，也没有叫苦，只是勇敢地承受了这一切。

我们不得不为甘地夫人竖起大拇指！她的看似狠心的教育，却让孩子学会勇敢地面对困难。

教育孩子勇敢地面对困难，实际上是孩子成长过程中不可缺少的一种营养，作为父母，要让孩子学会拥抱困难，让他们在克服困难中成长，在克服困难中腾飞！

1. 要孩子做力所能及的事

如果家长平时对孩子百依百顺、凡事代劳，就会导致孩子克服困难的能力萎缩。要使孩子成为强者，父母必须鼓励孩子做力所能及的事，让孩子得到充分的锻炼。

2. 给孩子独立面对困难的机会

当孩子遇到困难的时候，如果父母在身旁，他会本能地求助于家长，这时如果父母帮助了孩子，就剥夺了孩子学习如何战胜困难的机会，孩子会形成遇到困难就求助或退缩的惰性。父母适当地鼓励和适时地离开，让孩子有机会独自面对困难和挑战，自己寻求办法战胜困难，这样不仅能获得解决问题的能力，更能磨炼坚强、耐挫折的意志品质。

3. 引导孩子宣泄不良情绪

每个孩子都会碰到不顺心的事情，即使天性乐观的孩子也不例外。当孩子遇到困境时，父母要多多留心孩子的情绪变化，如果孩子闷闷不乐，父母就要抽时间和孩子交谈，指导孩子排除心理障碍，使悲观情绪、不良情感及时得到化解。平时，父母还要多向孩子灌输一些乐观主义的思想，让孩子明白，困难是短暂的，人生的道路是可以平坦的。

勇敢地面对失败，孩子才会更成功

每个人在一生中都有一门重要的学问要学，那就是怎么去面对"失败"，处理得好坏往往就决定了一生的命运。失败并不重要，重要的是如何面对失败。失败者与成功者的区别不是在于他们失败的次数多寡，而是在他们失败后有什么不同的态度和作为。

有一位知名的作家说："失败应成为我们的老师，而不是掘墓人；失败是暂时耽误，而不是一败涂地；失败是暂时走了弯路，而不是走进死胡同。"如果你能这样看待失败，你就能轻装前进，最终战胜失败，获得成功。

16世纪初生于法国南部的帕里斯，一直从事玻璃制造业。直到有一天，他看到一只精妙绝伦的意大利彩陶茶杯。从此，他的命运改变了。

"我也要生产出如此美丽的彩陶。"这是他当时唯一的信念。为此，他花

147

巨资建起烤炉，买来陶罐，打成碎片，摸索着进行烧制。

几年过去了，帕里斯家里的碎陶片堆得像小山一样，可他心中的彩陶却仍不见踪影，他甚至无米下锅了。无奈之下，他只好回去重操旧业。当他赚了一笔钱后，他又烧了三年陶片，仍旧无果。连续几年，他挣钱买燃料与其他的材料，不断地试验，都没有成功。

长期的失败使人们对他产生了看法。人们都嘲讽他是个蠢货，是个大傻瓜，连家里人都开始埋怨他，他也只能默默地承受。

试验又开始了，他10多天都没有脱衣服，日夜坚守在火炉旁。燃料不够了，他拆了院子里的木栅栏，怎么也不能让火停下来！又不够，他索性搬出家里的家具，劈成柴，扔进炉子。还是不够，他索性就把家里的地板拆了当柴火烧。听到噼噼啪啪的爆裂声和妻子儿女们的哭声，他鼻子酸酸的。

马上就可以出炉了，多年的心血就要有回报了，可就在这时，只听炉内"嘭"的一声，不知是什么爆裂了。出炉一看，所有产品都沾染上了黑点，全成为次品。这次他又失败了！

帕里斯受到了巨大的打击，他独自一人在田野里漫无目的地走着。不知走了多长时间，优美的大自然终于使他平静下来。他又开始了下一次试验。

经过16年的艰辛历程，他终于成功了，而这一刻，他却很平静。他的作品成了稀世珍宝，价值连城，艺术家们争相收藏。他烧制的彩陶瓦至今仍在法国的卢浮宫里闪耀着光芒。

帕里斯的成功之路是艰辛而漫长的，他的成功来得何等不易。在一次又一次的失败中一次又一次地重新站起来，并愈挫愈勇，让他取得了最终的成功。

失败是任何人都不愿意看到的事情，但是，在很多时候，这也是难以避免的事情。失败后怎么办？如果你因此灰心丧气，悲观失望，则只能坐以待毙，一事无成；如果你能从失败中吸取教训，总结经验，这条路不行走那条路，这种方法不行用那种方法，你就一定能够走出失败的阴影，迈向成功的目标。

人的一生总会遇到挫折和失败，同样，在孩子的成长过程中，也难免会遇到失败，这是一种规律。正如一位教育专家所说："你不让她跌倒，她就永远不知道跌倒的滋味。父母不可能保护孩子一辈子，当有一天她跌得更重时，可能就爬不起来了。"让孩子从小就有面对失败的勇气，长大以后，面对各种各样的困难和挫折，他才不会手足无措，才能够从容应付。

王铮是一名高一学生，他学习认真、努力，初中时成绩一直在班级名列前茅。后来，王铮不负家长的期望，考入市里一家著名的重点中学。可是，重点中学里高手云集，他第一学期的考试就考砸了，班级排名只列到中等。于是，他变得情绪沮丧，蔫得像霜打的茄子，觉得自己真没用。王铮的思想包袱越来越沉重，厌学情绪越来越浓，信心锐减，随之成绩也越来越不理想……终于有一天，王铮再也忍受不了考试频频失败带给他的精神折磨，为了逃避学校、逃避书本，他留下一封遗书，结束了自己年轻的生命。

王铮的遗书里有这样几句话："我自以为很聪明，可是每次考试成绩平平，这难道就是聪明吗？我无颜面对亲人，只有……"

一个孩子走了，留给他父母的是巨大的悲痛，留给普天下父母的应该是深刻的反省。可以说，没有经受过失败和挫折而顺利成长起来的孩子，他们对挫折的耐受力以及战胜挫折的勇气和毅力都比较差，一旦遇到困难和挫折就会垂头丧气，甚至感到悲观绝望，这样的孩子长大后是难以成为栋梁之材的。

陈鹤琴曾说过："不要担心孩子的失败，应该担心的是，孩子为了怕失败而不敢做任何事。"在人生历程中遭遇失败，出现挫折是正常的，如果连一点点小小的失败都承受不了，是无法适应这个社会的。因此，从小培养孩子的心理承受能力，对孩子进行适当的挫折教育是十分必要的。让孩子了解失败，可以让孩子学会平和地处理失败的心情，加强承受挫折的能力，将来长大后，心态就会比较成熟，在面对失败时，会用更从容的心态，准备下一次的挑战，敢于做，才有可能成功。

世上没有常胜将军，孩子也不可能只胜不败。挫折和失败往往是极好的老师。父母一定要给孩子上好"善待失败"这一课，使他们善于从失败中找到开启成功之门的钥匙，从而帮助孩子从幼稚走向成熟。

1. 允许孩子失败

有些父母"望子成龙""望女成凤"心切，处处对孩子严要求，事事要孩子成功，不许失败。这种心情可以理解。但是，孩子毕竟还在成长，他有权失败。被允许失败的孩子才能有更好的抗挫能力，才能有信心不断进行自我挑战，无所畏惧，最终成为最好的自己。

2. 及时安慰和鼓励孩子

当孩子遇到挫折失败时，父母应当及时去关心和鼓励孩子，给孩子安慰、鼓励和必要的帮助，使孩子不会感到孤独无助，让孩子以乐观的情绪，坚强地去面对和挑战挫折。当孩子不能面对挫折时，父母应该以乐观的情绪去感染孩子，帮助他们建立起战胜困难的信心。

3. 引导孩子从自身找失败原因

有些孩子遇到失败时，常常会产生抱怨、埋怨等不良情绪，习惯于把失败归咎到别人身上。这种做法不但不利于孩子总结失败的经验教训，还会让孩子养成怨天尤人、推卸责任的坏习惯。所以，当孩子遇到失败时，家长要首先引导孩子从自身找原因，总结失败的教训，改正错误，完善自己，以使做得更好。

鼓励孩子做事要坚持

坚持是人的意志品质之一，是指克服困难、坚持达到目的的心理特征。儿时能坚持认真做完一件事，长大后就会多一分坚韧。所以坚持到底是一种重要品质。

美国作家奥格·曼狄诺指出："人人都渴望成功，人人都想得到成功的秘诀，然而成功并非唾手可得。我们常常忘记即使是最简单最容易的事，如果不能坚持下去，成功的大门也绝不会轻易地开启。除了坚持不懈，成功并没有其他秘诀。"坚持意味着不放松、持续、保持坚定不移的奋斗目标，那是一种忍受痛苦、压力、疲劳和沮丧的能力。

斯尔曼曾经是《纽约时报》的一个小职员。他大学毕业后，来到报社当广告业务员。他对自己的能力充满了无比的信心，甚至向经理提出不要薪水，只按广告费抽取佣金。经理答应了他的请求。

上班的第一天，斯尔曼就列出一份客户名单，准备去拜访一些特别而重要的客户，他认为只有争取到大客户，才能使自己获得的佣金更多，而公司其他业务员都认为他痴心妄想，想要争取这些客户简直是天方夜谭。在拜访这些客户前，斯尔曼把自己关在屋里，站在镜子前，把名单上的客户念了10遍，然后对自己说："在本月之前，你们将向我购买广告版面。"之后，他怀着坚定的信心去拜访客户。第一天，他以自己的努力和智慧与20个"不可能的"客户中的3个谈成了交易；在第一个月的其余几天，他又成交了2笔交易；到第一个月的月底，20个客户只有1个还不买他的广告。

对于斯尔曼的表现，经理十分满意。但斯尔曼本人却不这么认为，他依然锲而不舍，坚持要把最后一个客户也争取过来。第二个月，斯尔曼没有去发掘新客户，每天早晨，那个拒绝买他广告的客户的商店一开门，他就进去劝说这个商人做广告。而每天早晨，这位商人都回答说："不！"每一次斯尔曼都假装没听到，然后继续前去拜访。到那个月的最后一天，对斯尔曼已经连着说了数天"不"的商人口气缓和了些："你已经浪费了一个月的时间来请求我买你的广告了，我现在想知道的是，你为何要坚持这样做？"

斯尔曼说："我并不认为自己是在浪费时间，相反，我倒是觉得自己在上学，而你就是我的老师，我一直在训练自己在逆境中的坚持精神。"那位商人点点头，接着斯尔曼的话说："我也要向你承认，我也等于在上学，而你就是我的老师。你已经教会了我坚持到底这一课，对我来说，这比金钱更有价值，为了向你表示我的感激，我要买你的一个广告版面，当作我付给你的学费。"

就这样，斯尔曼凭着自己坚持到底的精神赢得了那个客户，达到了预期的目标。

法国著名的微生物学家巴斯德有句名言："告诉你使我达到目标的奥秘吧，我唯一的力量就是我的坚持精神。"成功的秘诀不在于一蹴而就，而在于你是否能够持之以恒。生活中，不论做什么事，如不能坚持到底，半途而废，那么再简单的事也只能功亏一篑；相反，只要抱着锲而不舍、持之以恒的精神，再难办的事情也会迎刃而解。

我们每个人都渴望成功，那么，成功的秘诀是什么呢？是坚持！成功出自坚持，坚持就是胜利！美国著名心理学家威蒙先生曾对150名有成就的高智商者作过研究，发现他们的成功与三种品质有关：一是坚持力；二是善于为实现目标不断积累；三是自信。可见，持之以恒的坚持力对一个人的成功有着重要的作用。

在现实生活中，不少孩子做事没有恒心，缺乏持久性，常常半途而废。例如，原本计划在每天早上跑步半个小时，刚开始还能坚持，等到再过一段时间就放弃了；在课堂上听课，只能在前20分钟专心，后20分钟就无法继续坚持；在每一个新学期开始时，为自己制订了一个学习计划，最初几天还能完全按照计划学习，到后来却渐渐松懈，最后甚至完全舍弃了原定的学习计划。写作文的时候，通常前几段文字书写得非常工整，到后面就渐渐变得潦草凌乱，以致成了无人能识的"天书"……缺乏坚持性是很多孩子的通病，这不能不引起家长的重视。

一个少年作家，她的书在社会上反响非常好，记者问她是怎么成为作家的，怎么出了四本书100多万字的作品。她说："我没什么特殊的秘诀，就是坚持下去了。上小学一年级的时候，老师要求学生坚持每天写作文、读书，我就认准了这个理，一直坚持到我写完第四本书。现在每天坚持读一个小时的课外书，文学的、历史的、人物的、哲学的，不管时间多忙，一定坚持一个小时，每天坚持写800字以上的日记和随笔，受益匪浅。"

常言道：贵在坚持。培养孩子的持之以恒的韧性，对孩子今后的人生道路有很大的影响。拥有良好坚持性的孩子更容易成长为一个独立自主、有毅力、有恒心、自信、乐观、社会适应能力强的人。因此，父母一定要对孩子的坚持力进行训练，当然也需要父母的坚持力才能培养出孩子的坚持力。

1. 让孩子懂得坚持的重要性

父母应经常告诉孩子，坚持就是胜利，坚持就能成功。对孩子坚持做事的习惯，家长应给予及时鼓励，要求并督促孩子将每一件事情做完。锻炼孩子的意志，家长要有决心和恒心，要舍得让孩子吃苦。

2. 帮孩子树立一个目标

对毅力不很强的孩子来说，在帮助他们确定奋斗目标、选择实现这一目标的突破口时，一定要注意从实际出发，由易而难，循序渐进，切不可妄想"一锹挖口井，一口吞个饼"。孩子有时半途而废是因为目标定得太高，根本无法实现，所以家长要帮助其在事先确定一个合乎实际的目标。

3. 培养孩子的兴趣

心理学研究发现，孩子对有兴趣的事情，往往做得比较好，他们能在遇到困难时坚持不懈。获得诺贝尔物理奖的丁肇中教授说："我经常不分昼夜地把自己关在实验室里，有人以为我很苦，其实这是我的兴趣所在，我感到其乐无穷。"因此，父母要想办法培养孩子的学习兴趣，有了兴趣便不愁他学不好。

4. 为孩子做出表率

有句俗话："上梁不正下梁歪。"如果想培养孩子持之以恒的韧劲，那么"上梁必须正"，父母必须以身作则，无论处理什么事情，都要认真、圆满地完成，做孩子的表率。很难想象，一个三天打鱼两天晒网的家长会培养出一个有恒心的孩子。孩子养不成坚持的习惯，多数是因为家长做事也是虎头蛇尾，所以要想孩子学会坚持，家长要以身作则，要有坚持性。

给孩子创设受挫机会

许多人认为，对孩子进行挫折教育，事实就是给孩子吃点苦头，其实不然。真正的挫折教育是在正确的教育思想指导下，根据孩子身心发展和教育的需要，创造或利用某种情境，提出某种难题，让孩子通过动脑动手来解决矛盾，从而使他们逐步形成对困难的承受能力和对环境的适应能力，培养出一种迎难而上的坚强意志。

对孩子来说，在成长的道路上前行难免要遇到苦难、阻碍，如果孩子平时走惯平坦路、听惯顺耳话、做惯顺心事，那么一旦他们遇到困难就会不习惯，从而束手无策、情绪紧张，容易导致失败。所以，父母不妨在平时的生活和学习中，有意识地设置一些困难和障碍，以此来培养孩子的耐挫能力。

在德国，无论是家长还是学校，都会有意识地培养孩子的抗挫折能力。比如，家长经常给孩子设置一些顺境下的挫折，有时甚至还故意制造一些犯错误的机会。在德国家长看来，孩子总有一天要去更广阔的天地闯荡，所以要从小培养他们战胜困难的能力。

有一对夫妻，在50岁的时候才生下来一个孩子，因此，对他们的孩子特别宠爱，不打不骂，就算做错了事情也听之任之。在这样的环境里面长大的孩子就可想而知有多么糟糕了，做事毛手毛脚不说，连做人也不行，经常刚愎自用、一意孤行。这让他年迈的父母可没少操心。

孩子上小学以后，很调皮，连走路都不好好走，不看路，东张西望，经常会被路边的水和脏泥巴弄脏鞋子和裤子。但是就算这样，做母亲的也不管不问，宁愿多洗，也不愿意说两句话纠正。

这天，这个孩子的父亲趁孩子上学去了之后，在他上学要走的路上挖了好几十道缺口，断断续续的，然后再用一些棍子柴棒之类的东西架在沟壑之间，做成了一座一座的小桥，这些小桥走上去的时候只有很小心很小心地才能安全通过。

那天，孩子放学之后看到这么多小桥，感到特别惊讶，他不知道为什么平坦的路会在一天之间就出现这么多小桥。他很快就陷入纠结，到底是勇敢地走过去还是站在原地等人来带自己过去呢？但是他发现四周根本就看不见人，于是他只好决定，自己慢慢地走过去。虽然走上去很晃悠，但是通过努力，孩子最终还是走过去了。

回到家之后，孩子就和自己的父母讲了自己今天过桥的经历，讲完之后，他一脸的得意扬扬。父亲听完之后对他竖起了大拇指，夸奖他很勇敢。

说来也奇怪，自从那次之后，这个孩子就再也没有在上学的路上闯过祸。

后来，孩子的父亲对孩子的母亲说起了那次的桥是他"造"出来的之后，母亲有些不理解，就问他为什么要这样做，丈夫说："平平稳稳的路上，他总是东张西望，当然走不好路，但是布满障碍坎坷的路他只有两眼紧盯着路好好走才能平安地走过去。"

为了使孩子能够健康成长，能有良好的抗挫能力，故事中的父亲可谓是用心良苦。这种巧设障碍的方法对孩子是非常有好处的。

每一个孩子都具备独立抗击生活暴风雨的能力，关键在于父母是否给他创造了合适的机会。著名教育家苏霍姆林斯基提出，必须让孩子知道生活里有一个"困难"字眼，这个字眼是跟劳动、流汗、手上磨出老茧是分不开的。这样，他们长大后就会大大缩短社会适应期，提高挫折耐力。所以，父母们不妨有意识地给孩子创造一些适度的挫折情境，挫折教育对增强孩子心理承受能力大有好处。

小亮是个十分讨人喜欢的男孩子，对人有礼貌，学习成绩也很好，而且他的绘画作品多次作为对外交流的儿童画出国展览，因此，小亮经常受到老师、父母和邻居的夸奖。

但是，小亮的父母意识到，在这种环境下，孩子容易形成自傲心理。为了让孩子能够健康地成长，小亮的父母经常设置一些障碍，增加孩子受挫的机会。

一天，妈妈特意带小亮去同事家里玩。因为妈妈知道，这位同事的儿子斌斌比小亮更优秀，她希望小亮知道人外有人，不要太骄傲。

两个孩子见面后，玩得很投缘。但不一会儿，小亮就有些不高兴了。原来，小亮和斌斌玩智力游戏的时候总是输。尽管斌斌热情邀请小亮再玩，但是，小亮却坚决要求妈妈带他回家了。

在回家的路上，妈妈对小亮说："亮亮，妈妈知道你不高兴，是不是因为玩游戏总是输？"

亮亮瞥了妈妈一眼，没吭声。

"你知道吗？斌斌也是一个聪明的孩子，他比你小一岁，但是，已经跳级了。"妈妈说。

小亮觉得有点好奇："是吗？挺厉害的。"

"是呀，斌斌是个优秀的孩子，但他从来不炫耀这些，总是努力地学习。"妈妈微笑着对小亮说，"你也是个优秀的孩子，但学无止境，不要骄傲哦！"

小亮领会地点了点头。

如果孩子的生活总是一帆风顺，那么就会滋生骄傲的情绪，一旦遇到困难就会逃避退缩，所以父母不妨像上例中小亮的妈妈一样，在平时学习和生活中有意地给孩子设置一些障碍，在教育孩子戒骄戒傲的同时，为孩子打下勇于面对困难的预防针，让他获得应对挫折的适应能力。

每个人都会经常遇到困难与挫折，成长中的孩子，也难免会遇到坎坷和阻碍。家长应该有意识地给孩子设置点障碍，为他们提供克服困难的机会，使他们在生活的道路上有点小小的坡度。倘若把孩子前进道路上的障碍全部清除干净，他们就会逐步丧失克服困难的能力，经不起生活的考验。

第六章
把挫折看作
成长的机遇：
让孩子在挫折中
自我成长

让孩子远离虚荣心的侵蚀

虚荣心是对名利、荣誉、面子等的一种过分追求，是道德责任感在个人心理上的一种畸形反映，是一种不良的心理品质，其本质是利己主义的情感反映。心理学上认为，虚荣心是自尊心的过分表现，是为了取得荣誉和引起普遍注意而表现出来的一种不正常的社会情感。

培根曾说："一切恶行都围绕着虚荣心而产生，且都不过是虚荣心的一种表达方式。"这话并不过分。虚荣是一种虚幻的花环，看似光彩耀人，但它却能让人的心灵变质。受虚荣驱使的人只追求表面上的荣耀，不顾实际条件去求得虚假的荣誉。有人说虚荣心是一种扭曲的自尊心，死要面子、打肿脸充胖子，这就是对虚荣心的生动描述。

法国著名作家莫泊桑在短篇小说《项链》里，讲了一个图虚荣吃苦头的典型事例。教育部职员骆塞尔的妻子玛蒂尔德，为了参加教育部长举办的晚会，向女友伏来士洁借了一串钻石项链戴上。在晚会上，她的姿色和打扮显得十分出众，她觉得这是"一种成功""一份荣耀"。回家后却发现项链不翼而飞。在遍寻无着的情况下，只好赔偿。夫妇俩东借西凑36000法郎买了同样一串项链还给物主。为图一时虚荣，夫妇俩省吃俭用过了10年苦日子，当年光彩夺目的少妇，如今变成了一个寒酸而苍老的妇人。

可见，虚荣是人生的一记暗伤。轻者，累及一时；重者，痛苦一生。太爱慕虚荣，不是自己为自己增光，而是自己给自己添累。

虚荣心人皆有之，孩子也不例外。据有关调查表明，独生子女的虚荣心较强，在被调查的独生子女中有20%存在较强的虚荣心。某城市一个女儿硬要爸爸妈妈换房子，原因是老师要来家访，而自家的房子太破旧了。还有一个儿子硬是要母亲把车换掉，如果不换掉，就要求母亲在快到学校的那个拐角停下来，让他走到学校。母亲问为什么，孩子说因为现在好多父母都开宝马接送孩子。小小年纪就如此爱面子，虚荣心太强，实在是令人担忧。

王涛是一个单亲家庭的孩子，妈妈很早就过世了，爸爸下岗后做点小生意。虽然家庭条件不富有，但爸爸从来不让王涛在吃穿上受委屈，凡是别的孩子有的，王涛都会有。他觉得孩子已经缺少了母爱，如果在物质上再比别人差，那就太可怜了。所以爸爸平时总是省吃俭用，而对王涛提出的要求却从不拒绝。王涛在小伙伴中间算是很气派的一个，他感到很满足。从小学到初中，王涛的学习成绩一直很好，在爸爸和老师的眼里，王涛始终是一个好孩子。

但是自从上了市里的重点高中后，情况发生了很大的变化。高中的同学和他以前的同学家庭条件不一样。很多同学父母都是高收入者，花钱如流水，穿的都是名牌，用的都是精品。相比之下，王涛显得非常寒酸，以前的优越感再也没有了。由此，王涛产生了严重的失衡心理，他不甘心落于人后，于是他每次回家都向爸爸要很多钱，和同学们比吃比穿来满足自己的虚荣心。起初爸爸总是大方地给他，但后来爸爸实在承受不了，好几次都拒绝了他。王涛见爸爸这个经济来源断了之后，就动了邪念："别人有的我为什么不能有？这不公平。"在这种想法的驱使下，王涛开始偷同学的钱，几次偷盗都没被发现，这更增加了他的侥幸心理。在金钱的诱惑之下，他越陷越深，最后伙同另一同学作案，被公安机关抓获，受到了法律的制裁。

　　王涛事件发人深省，他为什么会从一个听话的孩子变成一名罪犯呢？仔细分析一下，主要是虚荣心在作祟。

　　对孩子来说，虚荣心是一种可怕的不良心理，其危害性是不言而喻的。虚荣心会使孩子在成长过程中经常出现各种问题，如骄傲自满，使孩子产生嫉妒心理，导致情绪不稳定等，还会造成孩子行为上的迷失。所以，父母对虚荣心较重的孩子不能掉以轻心，而应当采取必要的方法加以纠正。

　　印度电影演员帕里维拉不但是一名出色的电影人，更是一位善于教子的好父亲。帕里维拉在培养儿子方面很有自己的一套。他非常注重对儿子卡布尔的思想教育，培养孩子不慕虚荣、踏实肯干的品质。虽然他自己很有名，但从不让孩子"沾父亲的光"。帕里维拉常常告诫自己的孩子卡布尔："在我的房间里，你是我的儿子，你可以同我一起吃饭、一起说话。但是，一出这个房间，你就是一个普通人，你要同许许多多普通人一样，自己去走生活的道路。"

　　在父亲的教导下，卡布尔以一个普通人的身份融入周围的世界。他非常谦虚、朴素，不会为了显示身份而去坐父亲的小汽车，更不会为了让其他人羡慕而告诉别人自己是帕里维拉的儿子。功夫不负有心人，18岁时，他以一名场记的身份进入影视界。刚进入影视圈的卡布尔，演的全是些小角色。

　　后来，卡布尔通过自己的努力，也像父亲那样登上了表演艺术的高峰。帕里维拉后来说："我提携我的儿子不难，让他演个主角也会有人来捧场。但如果这样，卡布尔即使有演艺天赋，也会慢慢被自己的虚荣心所磨灭。"

　　帕里维拉教卡布尔的故事一度传为美谈。在父亲的教育下，卡布尔戒除了虚荣心并且取得了巨大的成功。作为父母，应该以帕里维拉教育卡布尔为例，让自己的孩子远离虚荣，避免虚荣招致的失败。

1. 加强孩子的德育

为了孩子的健康成长，父母应该着重德育，不能让孩子从小就有拜金主义的观念，培养孩子的实用、节俭的美德非常重要，避免孩子产生虚荣心。父母还要让孩子认识到虚荣的危害，并且通过恰当的机会让他感受到虚荣心过强所带来的烦恼和痛苦，从而自觉地意识到虚荣心过强是不利于自己成长的。

2. 不要助长孩子的攀比心理

孩子的年龄尚小，认知能力比较差，并没有建立起自己评价事物的标准，加上受到社会上一些不良风气的影响，容易导致其产生攀比心理。孩子一旦有了攀比心理，就会助长贪婪的欲望和极强的虚荣心，产生畸形的消费观、人生观和价值观，还会给他们将来的就业、生活带来种种负面的影响，甚至会使他们走上邪路。攀比心理对孩子的健康成长是有百害而无一利的。因此，对孩子提出的各种要求，家长要做的不是尽量去满足孩子的愿望，而是要对孩子的攀比心理给予正确的疏导。在拒绝孩子的无理要求时，家长不能简单地说"不"，而是要让孩子明白为什么不能满足他的要求。

3. 让孩子了解父母挣钱的辛苦

孩子的虚荣心无限膨胀一定有明显的信号，比如，对衣服、文具、玩具特别挑剔，抱怨父母不能给自己提供优厚的物质条件。这个时候，父母可以引导孩子参观自己的工作单位，让他体会赚钱的不易，从而纠正他的这种思想。只有让孩子真切地感受到父母的工作是多么辛苦，他才会明白金钱的来之不易，才会克服虚荣。正如某位哲人所说的："要让你的孩子知道，你付出了代价，才拥有了现在的生活。"

4. 父母要为孩子作出榜样

有其父，必有其子，说的就是父母对孩子的影响。孩子讲虚荣、爱攀比多数是受成年人影响。如果父母为了满足虚荣心整天穿金戴银、开好车、住好房，用来向外界标榜自己的富有，孩子在这样的家庭环境下成长，势必会受到虚荣的感染，进而不再潜心读书，而是会想办法用各种方式来满足自己的虚荣心。所以，父母首先要摆正自己的心态，不同别人攀比，不盲目追求物质享受，给孩子树立好的榜样，用良好的言行去感染、教育孩子。

学会宽容，让孩子做个大度的人

宽容是人的一种美德，是做人的一种风度和境界。现实生活中，人们常会遇到别人对不起自己或做了有损于自己的事情，对此不耿耿于怀，不过分计较，能够笑一笑就过去，这就是宽容。

宽容是一种高贵的品质、崇高的境界，是一种心智的成熟，有了这种品质、这种境界，遇事你就会释怀，就会宽容地看待他人。莎士比亚名剧《威尼斯商人》中有一段台词：“宽容就像天上的细雨滋润着大地。它赐福于宽容的人，也赐福于被宽容的人，能得到别人宽容的人是幸福的，能宽容别人的人则是高尚的。”

林肯是美国历史上最伟大的总统之一，他12岁的时候，由于家境困难不得不中止学业，去做了一个伐木工人。那个时候伐木工人的工资很低，伐一立方米的木材只有1.2美元的报酬。当时伐木全是手工劳作，所以工作的效率也很低，一个人要干两天才能伐到一立方米。伐倒的木材，工人们就在木头的尾部用墨水写上自己名字的第一个字母，表示这根木头是自己所伐的，然后再去向老板要钱。林肯的全名为亚伯拉罕·林肯，所以他就在自己伐倒的木材上写上一个“A”字。但是有一天他发现自己辛苦砍伐的10多根木头被人写上了“H”，这显然是有人盗用了林肯的劳动成果。

林肯生气极了，回家对继母说："一定是那个叫亨得尔的家伙干的，我要到他家找他论理去。"

继母看着林肯说："孩子，你先别急，听我给你讲个故事。"

"从前有一片大森林，那里有一个善良的人，名叫斑卜，他以打猎为生，经常在密林中安装捕兽套子。由于他安装的地方是野兽们经常出没的路线，所以几乎每天都有收获。有一天他又去收套子，却发现套子上只有动物脱落的毛，动物已经被别人取走了，斑卜很生气，但又不知是谁干的，他想留个条子，可是又不会写字。于是他就在纸上画了一张很生气的脸，放在套子上。第二天他又去收套子，发现套子上有一片大树叶，树叶上画着一个圈，圈子里有房子，房子旁边还有一只狂吠的狗。斑卜不知道是什么意思，他想：为什么别人拿走了我的动物还要画图呢。他觉得应该和这个人见面说理，于是他就画了一个正午的太阳，还有两个人站在捕兽套边。第三天中午他又来到了这里，看到有一个浑身插满了野鸡毛的印第安人在那里等他。他们彼此语言不通只能通过打手势来对话，印第安人用手势告诉斑卜这里是我们的地盘，你不可以在这里装套子。斑卜也打手势说：这是我装的套子，你不能拿走我的果实。两个人的模样都很古怪，相互看得直乐，斑卜想，与其多个敌人，还不如多一个朋友，于是他就大方地将捕兽套送给那个印第安人了。

"这样大家就相安无事了，后来有一天斑卜打猎时遇到了狼群追赶，被迫跳下了悬崖，等他醒来的时候，他发现自己正躺在印第安人的帐篷里，伤口上还有印第安人给他上的药。此后他就成了印第安人的好朋友，和他们生活在一起，共同打猎。"

讲完这个故事，继母对林肯说："孩子，你要学会宽容别人，这样才能使自己的路越走越宽广。要不然，你在社会上就会到处树敌，很难成功的。"

此后林肯牢记着母亲的教导，这种宽容的美德为他以后的人生铺平了道路，最终他一帆风顺地当选为美国第16任总统。这对于一个平民出身的孩子来说，是不可思议的奇迹。林肯在后来的回忆中，对继母充满了感激与敬仰。据说在林肯的总统办公室里还挂着这样的条幅："宽容比批评更能改变人。"而这种宽容的精神，正是源自他继母的教导。

宽容对待人是一种美德，是一种思想修养，也是人生的真谛。当你学会宽容别人时，就是学会宽容自己，给别人一个改过的机会，就是给自己一个更广阔的空间！

宽容是为人处世的准则。一个以敌视的眼光看人，对周围的人戒备森严，心胸狭窄，处处提防，不能宽大为怀的人必然会因孤独而陷于忧郁和痛苦之中，而宽宏大量，与人为善，宽容待人，能主动为他人着想，肯关心和帮助别人的人，则讨人喜欢，被人接纳，受人尊重，具有魅力，因而能够更多地体验成功的喜悦。

宽容是做人的一种豁达，也是一种智慧，如果父母教会孩子学会宽容，那么孩子就掌握了跟任何人交往的一种智慧。但遗憾的是，现在的孩子大多是独生子女，以自我为中心，做事很少顾及别人的感受，而且对别人给自己带来的一点伤害总是耿耿于怀，不懂得宽容。作为孩子的父母必须重视这个问题，千万不要忽视对孩子宽容心的培养。一个没有宽容心的孩子将很难融入社会大家庭和人们和睦相处，共同发展。

一位年轻的妈妈带着儿子去拜访他的同学。在公共汽车上，一位背着大包的青年挤进了车厢，妈妈被大包撞到了一边。

儿子关切地问："妈妈，你没事吧？"同时，他恼怒地看了那青年一眼，喊了一句："太可恨了。"

年轻的妈妈看着儿子，说道："可不能这么说，这位叔叔不是故意的。"这时，那位青年也连连向她道歉。儿子听到这些，惭愧地低下了头。

几天以后，妈妈早早地下了班，她骑着车子来到学校，准备接儿子回家，结果发现儿子的手破了皮，血一滴一滴地往下流。妈妈心疼极了，赶快找来一些纱布，将他的伤口包好。然后就去问老师是怎么回事，老师也很纳闷，因为她既没有看到他来报告，也没有听到他哭过。

妈妈不解地问："为什么没有告诉老师呢？"儿子笑着说道："妈妈，小朋友不是有意弄伤我的呀！因为这事，他已经深感不安了，如果再去告诉老师，他会更加自责的。"

妈妈听了非常高兴，摸着儿子的头说："好孩子，你已经学会了谅解别人。"

故事中的妈妈用自己的实际行动，为孩子树立了正确的榜样，在孩子幼小的心田里播下了一颗宽容的种子，让孩子懂得了一个人要学会宽容和关心他人。

宽容是一种非常珍贵的感情，它主要表现为对别人过错的原谅。这种感情对于孩子个性的健康发展，尤其是情感的健康发展，以及对于孩子良好人际关系的建立有着非常重要的意义。

央视著名主持人白岩松在教育自己儿子时这样说："如果所有的美德可以自选，孩子，你就先把宽容挑出来吧。一旦孩子拥有宽容的美德，你将一生收获笑容。"富有宽容心的孩子往往心地善良，性情温和，惹人喜爱，受人拥护，而缺乏宽容心的人往往性情怪诞，易走极端，不易为人亲近，因而人际关系往往不好。因此，教孩子学会宽容尤为重要，这不仅仅是为孩子当下能和伙伴处理好关系，更是为孩子将来的人生奠定基础。

1. 为孩子作宽容的表率

要培养孩子宽容的品质，父母首先要有宽容心。也就是说，为人父母者应该以身示教，给孩子做个好的榜样。试想，如果父母心胸狭窄，不懂宽容，无视他人意见，习惯于将自己的意志强加于人，为一点小事争执不休、斤斤计较，孩子又怎么能学会宽容呢？

2. 让孩子学会理解他人

理解他人，体现一个人的胸襟。父母要让孩子学会以一颗平常心来对待别人，真正理解别人。因为每个人都有这样或那样的缺点，也会犯这样或那样的错误，而只有学会理解别人，才能容忍别人的缺点和错误。

3. 宽容孩子的错误

让孩子懂得宽容，父母首先应该宽容之心对待孩子的过错。一个不懂宽容的父母，很容易让孩子对父母的行为反感，对父母失去信任，孩子也就很难去包容别人了。在生活中，连自己的亲生父母都不宽容自己，对于一个孩子来说，他的心灵肯定受到了严重的打击，他对这个世界也会心怀怨恨。

4. 教孩子学会换位思考

在孩子与他人发生争吵或矛盾时，家长可以教孩子学会从他人的角度来看待问题，让孩子把自己置于别人的位置，并站在他人的角度来思考问题。这样孩子不仅可以了解别人，还会赢得友谊。父母应该教育孩子经常自问："要是我处在这种情况下，我会怎么想呢？又会怎么做呢？""我现在应该为他做点什么，他的心里是不是会感觉好受一些呢？"这样，孩子往往会看到问题的另一面，从而养成宽容的品格。

正确批评，给孩子前进的动力

不可否认，赏识是培养孩子自信、提高抗挫能力的有效教育方法。但是，在孩子的成长过程中，如果一味地赏识也容易令孩子的自我定位出现偏差，产生骄傲自大等情绪。这样稍遇困难挫折，孩子就会不知所措、灰心丧气。所以，让孩子接受挫折教育，恰到好处的批评纠正也是不可或缺的。

批评作为一种教育手段，目的就是让孩子能够知道错误的原因，以后能够避免或改正。孩子在成长过程中难免会犯一些错误，批评孩子可以说是所有为人父母者的必修课。但批评孩子是有技巧的，如果批评的方法不当，不但不能起到应有的教育效果，反而会损伤孩子的自尊心和自信心，形成自暴自弃或叛逆的性格，影响孩子心理健康的发展。

小军是初中二年级的学生，他一直是家中的骄傲，聪明懂事，学习成绩也很好，担任班上的班长，还是三好学生。认识小军的人都对他爸爸说这孩子将来一定会很有出息，孩子爸爸听了也觉得脸上有光，心里很高兴。

然而这个学期，他迷上了打游戏，学习成绩下降了很多。暑假回家，爸爸一看小军的成绩，竟然下降到了第九名，正好他又听儿子说学校要开暑期培训班，就爽快地掏出了培训费和儿子的零花钱，想让儿子通过暑期培训提高成绩。过了几天，小军爸爸发现家里少了几百块钱，接着老师又打电话到家里问小军怎么不去参加暑期培训。

这下小军的爸爸觉得奇怪了，钱都给孩子了，孩子怎么没去啊？于是他严厉地询问了小军，原来小军将培训费都花在了打游戏上，家里丢的几百块钱也是他拿的。小军爸爸顿时非常气愤，他想让孩子受到教训，记住这次的错误，想了一个晚上，终于想出了一个他认为可以让孩子记住一辈子的惩罚。

第二天，他和妻子将小军硬拉到游戏厅理论。正逢赶集，路上很多行人，他们惊异地问这是怎么一回事，而小军的父母也顾不上孩子的颜面，当着大家的面责骂孩子。最后围观的人越来越多，大家都跟在后面看热闹，而小军则羞愧得恨不得钻到地缝里去。

从那以后，小军再也没与父母说过话了，他变得异常沉默，不去上课，也不出去玩，整天呆呆地坐在家里，眼神空洞，仿佛外界的一切都与他无关。老师和同学来看他，他也置之不理，只是坐在一边发呆。

小军父母大概没想到一个责罚的举动，会带给孩子这么大的伤害，这确实让孩子一辈子都忘不了，不过不是忘不了教训，而是一辈子都忘不了伤害。这种批评教育方式显然不可取，它伤害的不仅仅是孩子的身体，更是孩子的自尊和心灵，严重影响了孩子的健康发展。

俗话说"玉不琢不成器"。在教育孩子的过程中，批评是少不了的，但是讲求方法和技巧的批评才能收到预期的效果。苏联的著名教育学家马卡连柯曾经指出："批评应当是教育"，"合理的批评制度不仅是合法的，而且也是必要的"。中国青少年研究中心的专家也说过，没有批评的教育是不完善的教育，没有批评的教育是一种虚弱的教育、脆弱的教育、不负责任的教育。因此，从父母的教育方式上来说，合理的批评是正当的教育行为，这关系到孩子的自我评价、自信水平和健康成长，是家庭教育中不可替代的方法之一。合理的批评能帮助孩子学会自律、自我约束；能使孩子明白做什么事情是对的，为什么要坚持下去，什么事情是做不得的，应当怎样改正；能帮助孩子建立自信，教会孩子自己学会做判断、做决定，增强他们的心理承受能力，磨炼他们的意志。

有这样两名孩子，他们做作业时总是不专心，但是，他们的妈妈采取了两种截然不同的态度，效果自然大相径庭。

第一位妈妈发现孩子做作业一点也不用心，作业做得错误百出，一气之下，把孩子的作业本撕掉，让孩子重新做，并且大声训斥孩子说"跟你说多少次了，你怎么不长记性，让你专心做作业，可你看看你错了几道题，你给我重写！"

孩子拿着作业本，看着被妈妈撕掉的作业很是生气，嘴里嘀咕道："我就是不给你好好写，看你能撕多少。"

生气归生气，可是作业还得交给老师，孩子只好重写。但是，孩子心里憋着一口气，心思更无法集中在作业上，还不如上次。妈妈见了又要撕，可一看表，都10点多了，没办法，只好这样了事。

而另一位妈妈看见孩子做作业三心二意，虽然也很生气，但她控制住了自己的不满情绪。她知道，越是训斥孩子，孩子会越逆反，反而会更不认真。于是，她对孩子说："这次作业写得很不错，虽然做错了几道题，但都是由于马虎造成的，我相信，只要你再认真一点，一定会避免这些错误的。"孩子听了妈妈的话，就对妈妈说："妈妈，我再重新做一遍，这次我肯定用心地去写，保证不出现错误。"

孩子写完作业让妈妈检查，妈妈认真看过后，说："我家孩子的作业做得真整齐，明天老师也会感到满意的。"

后来，这个孩子做作业一直都很认真，因为有妈妈的表扬，他的学习劲头更足了。

同样是要求孩子认真完成作业，两位母亲不同的批评方式，产生了不同的结果。从这个事例可以看出，只有选择恰当的批评方式，才能帮助孩子改正错误，达到预期的教育目的。

批评是家长指导孩子成长的一个重要手段，如何批评孩子是一门艺术。我国著名教育家陶行知先生曾说过："在教育孩子时，批评比表扬还要高深，因为批评一定要讲究方法，这是一门艺术，你用得好它比表扬的效果还有用。"因此，在教育孩子上，父母要掌握批评的艺术和技巧。

1. 心平气和地批评孩子

孩子犯了错时，做家长的难免心烦意乱，情绪波动会比较大，很可能会在一时冲动之下对孩子说出不该说的话，或者做出不该做的举动，这都可能会对自己和孩子产生极为不良的影响，有人甚至因此而酿成千古大错。所以，在批评孩子之前，家长一定要强迫自己冷静下来。只有冷静，才能对孩子所犯错误有一个客观公正的评判，才能有利于问题的解决，才能帮助孩子找出犯错的原因和改正错误的方法。

2. 不要当众训斥孩子

批评孩子时要注意场合。我们建议父母不要在公共场所、当着孩子同学朋友的面、当着众多亲朋的面对孩子进行批评。这是因为孩子往往有着很强的自尊心，在公开场合批评孩子，会让孩子感觉很没面子，会打击孩子的自信心，而且还有可能会引起孩子对父母的不满或者憎恨，影响亲子关系和感情。正如伟大的教育家洛克所说："父母越不宣扬子女的过错，则子女对自己的名誉就越看重，因而会更小心地维护别人对自己的好评。如果父母当众宣布他们的过失，使他们无地自容，他们越觉得自己的名誉已受到打击，维护自己名誉的心思也就越淡薄。"

3. 多寓批评于表扬中

著名教育家陈鹤琴曾经说过："无论什么样的人，受激励而改过是很容易的，受责骂而改过是不大容易的，而小孩子尤其喜欢听好话，不喜欢听恶言。"因此，如果希望孩子改正错误和不良习惯，最好不要劈头盖脸地批评孩子，而应把批评寓于表扬之中，这样既保护了孩子的自尊心，又使孩子看到了前途和希望，还使孩子感到了父母对自己的评价是公正的。

4. 一次错误只能批评一次

在批评教育孩子时，父母应切记：孩子犯一次错，一般只能批评一次。千万不要对孩子的同一件错事，重复同样的批评。如果问题严重一定要再次批评，也千万不要像鹦鹉学舌那样，简单地重复一次，应该换个角度进行批评。因为孩子一旦受到批评，需要一段时间才能恢复心理平衡，受到重复批评时，他心里会嘀咕："怎么老这样对我？"心情就无法恢复平静，反抗心理就高亢起来。如果一次错误只批评一次，孩子就不会觉得同样的错误一再被"穷追不舍"，厌烦心理、反抗心理就会随之降低。

另外，有的孩子由于自制力差，有时会一而再、再而三地重复犯同样的错误。这时候，我们也不应该去纠缠旧账，而要就事论事，错在哪里就批评哪里。批评目标集中，批评一次就只能针对一次的错误，在什么地方、什么事上错了，应当只就这个错误进行批评。

5. 允许孩子作出解释

有些父母脾气急躁，一见到孩子犯错就急于批评，但如果对孩子犯错的情况了解不够全面，就可能会做出不符合事实的批评。在这种情况下，要允许孩子作出解释。如果强迫孩子接受自己的批评，那么孩子只能虚假地接受，而心里却大感委屈。所以，当孩子犯错后不要剥夺其说话的权利，而要给孩子一个申诉的机会，让他把自己想说的话和盘托出，这样父母会对孩子所犯的错误有一个更全面、更清楚的认识，对孩子的批评会更有针对性，也能让孩子心悦诚服地接受自己的批评。

引导孩子学会适时地自我反省

挫折教育，不仅要教会孩子积极应对挫折的方法，还要与孩子一起分析失败的原因，让孩子从受挫的经历中学会反省的能力。这可以将孩子从受挫的体验中抽离出来，将专注力转移到下一个目标。

所谓反省，就是反过来省察自己，检讨自己的言行，看一看有没有要改进的地方。反省是一种最优秀的品质，只有经常反省的人才能进步。

苏格拉底说："一个没有检视的生命是不值得活的。内省不仅是了解自己做了什么，最重要的是透过它了解自己真正的意图。"柏拉图说："内省是做人的责任，没有内省能力的人不配做人，人只有透过自我内省才能实现美德与道德的兼顾。"确实如此，不反省就无法真正地认识自我，更不要说取得成功了。

反省是一个人总结经验教训，求得进步和发展所必需具备的行为品质。简单地说，反省就是进步。一个人之所以能够不断地进步，正在于他能够不断地自我反省，找到自己的缺点或者做得不好的地方，然后不断改正，从而取得一个又一个的成功。相反，一个人不能及时察觉自身缺点，不能用最快的速度纠正自己的发展方向，就不会在学业和事业上有所成就，最终会在优胜劣汰的自然法则面前难以生存。

有一个青年，有一天在街角的报亭借用电话，他用一条手帕盖着电话筒，然后说："是王公馆吗？我是打电话来应征做园丁工作的，我有很丰富的经验，相信一定可以胜任。"电话的接线生说："先生，恐怕你弄错了，我家主人对现在聘用的园丁非常满意，主人说园丁是一位尽责、热心和勤奋的人，所以我们这儿并没有园丁的空缺。"

青年听罢便有礼貌地说："对不起，可能是我弄错了。"跟着便挂了电话。

报亭老板听了青年人的话，便说："青年人，你想找园丁工作吗？我的亲戚正要请人，你有兴趣吗？"

青年人说："多谢你的好意，其实我就是王公馆的园丁，我刚才打的电话，是用以自我检查，确定自己的表现是否合乎主人的标准而已。"

反省是人生重要的功能，它是一种自我检查的活动，还是一种学习能力，是认识错误、改正错误的前提。通过反省及时修正错误，就能够不断地调整自己的心态和做事方法，所以说掌握了自我反省的能力，就等于掌握了自我完善和通往成功的秘方。

反省是认识自我、发展自我、完善自我和实现自我价值的最佳方法。对成人而言，具备自我反省的能力，就能正确地认识自己的优缺点，自尊、自律有计划地规划自己的人生。遇到困难和挫折时，能够及时调整自己的情绪，积极进取，渡过一个个难关，一步步走向成功。对于孩子来说，学会自我反省更是关系到他们当前的良好发展和日后的人格塑造。一个不懂得自我反省的孩子，永远不会懂得自己的过错与不足，这只能为他们的成长平添许多障碍与烦恼，反之，当孩子学会了内省，便能做到"扬长避短"，获得良好的进步和发展，从而成为一个自信、自立、自律的人。只有这样的人，才能顺利地越过成长过程中的障碍，抵达成功的彼岸。

著名作家李奥·巴斯卡力，写了大量关于爱与人际关系方面的书籍，影响了许多人的生活。据说，他之所以有这样卓越的成就完全得力于小时候父亲对他的教育，因为每当吃完饭时，他父亲就会问他："李奥，你今天学了些什么？"这时李奥就会把在学校学到的东西告诉父亲。如果实在没什么好说的，他就会跑进书房拿出百科全书学一点东西告诉父亲后才上床睡觉。这个习惯一直到今天还坚持着，每天晚上他就会拿十年前父亲问他的那句话来问自己，若当天没学到什么新知识，他是不会上床睡觉的。这个习惯时时刺激他不断地汲取新的知识，产生新的思想，不断进步。

事实证明，自我反省能力能够促使孩子更快地成长。他们通过反省及时修正错误，不断地调整自己的心态和做事方法，所以孩子掌握了自我反省的能力，就等于掌握了自我完善和健康成长的秘方。

美国思想家、文学家爱默生曾说："人类唯一的责任就是对自己真实，自省不仅不会使他孤立，反而会带领他进入一个伟大的领域。"自我反省是孩子成长的一个秘诀。成长是一个不断摸索的过程，难免在此过程中不断地犯错误。对成长中的孩子来说，反省的过程就是学习的过程。有没有自我反省的能力、具不具备自我反省的精神，决定了孩子能不能认识到自己所犯的错误，能不能改正所犯的错误，是否能够不断地学到新东西。父母想要孩子更快地成长，就必须让孩子学会自我反省，找到自己的优点和缺点，进而发扬优点、改正缺点，取得阶梯式的进步。

1. 引导孩子进行自我反省

孩子的成长是一个不断犯错、不断改正的过程。当孩子犯有过错时，有些家长往往不能容忍，一味责备孩子，甚至打孩子，结果往往事与愿违。如果家长能心平气和地启发孩子，不直接批评他的过失，孩子会很快明白家长的用意，愿意接受家长的批评和教育，而且这样做也可让孩子进行自我反省，明辨自己的过失。

2. 培养孩子每日反省的习惯

为了让孩子少走弯路，父母应该注重培养孩子在生活中养成良好的自省习惯，鼓励他们每隔一段时间或者每天对自己的行为进行反思。家长们不妨在每天结束时，让孩子好好问问自己下面的问题：今天我到底学到些什么？我有什么样的改进？我是否对所做的一切感到满意？如果孩子每天都能改进自己的能力并且过得很快乐，必然能获得意想不到的丰富人生。真诚地面对这些提出的问题就是反省，其目的就是让孩子不断地突破自我的局限，省察自己，开创成功的人生。

3. 让孩子学会总结经验教训

事实上，总结经验教训就是对自我行为的一种反省。如果孩子在遭遇挫折失败后不及时反省总结，而是一种无所谓的态度，那么他一定会再次失败。所以，父母要让孩子学会反省，学会多角度思考问题，从失败中总结经验教训，为下次的努力做好准备。

4. 让孩子学会接受批评

每个人都喜欢听夸奖的话，孩子更是如此。但是，只喜欢听表扬的话而不愿意接受批评，不利于孩子成长。只有让孩子学会接受批评，进行自我反省，才能塑造孩子完整的人格，帮助孩子取得更大的进步。

化解嫉妒，赶走孩子的"心魔"

　　嫉妒，俗称为"红眼病"，是一种夹杂着焦虑和愤怒等不良情绪的感情，是由于个人与他人比较，发现别人在某一方面或某几方面比自己强而产生的一种焦虑、羞愧、不满、怨恨的复杂情绪。古希腊哲学家说："嫉妒是对别人幸运的一种烦恼。"从这句话中，我们就能看出，嫉妒是有明显对抗性的，这种对抗表现为攻击性，攻击的目的就是要颠覆别人的"幸运"。

　　有这样一个小故事：

　　很久以前，有一个地方遇到了百年不遇的大旱灾，湖水干涸，地面也干得裂开了口子。

　　在这个地方的湖中住着一只鳖。湖水干涸以后，它为了生存，便想找一个有水源的地方生活。可是它爬的速度太慢了，只怕自己爬不多远就会连饿带渴地死去。

　　有一天，从远方飞来了一群天鹅，它们围绕着以前有湖水的地方飞来飞去，寻找原来栖息过的湖泊。鳖见了，便叹了口气说："别找了，湖水早就干了。"

　　天鹅们非常失望，只好商量再飞到别的地方，去找有水的地方。

　　鳖听了天鹅的话，心想：天鹅飞得快，一定很快就能找到水，不如求它们帮忙，把我也带走。于是，鳖就去求领头的天鹅。

　　天鹅答应带鳖一起走。于是，它们轮流用嘴衔着鳖向远方飞去。

　　天鹅飞了好远的路。一天，它们经过一座城市的上空。那里的人看到天上飞过一群洁白美丽的天鹅，都抬头仰望，赞叹道："多漂亮的天鹅啊！今生能看到如此圣洁的动物，真是幸福！"这个时候，也有人发现了天鹅嘴里衔着的大鳖。看到了丑陋的鳖，人们放声大笑："哈哈！这只丑陋的鳖怎么会和天鹅在一起，原本在地上成长，现在也跑到天上去了。难道丑鳖也想变成天鹅，别做梦了，真是不自量力啊！"

大鳖看到人们夸赞天鹅而嘲笑自己，终于忍不住了。它扯着嗓子大骂："你们这群天鹅，到底比我好看多少？不过是有两只翅膀可以在天上飞罢了！有什么了不起的。臭美！"天鹅一开始还忍耐着，后来看到丑鳖因为嫉妒心起，骂得越来越难听，终于难以忍受。本来用嘴衔着它就够累了，被它一骂，天鹅们相互使了一个眼色，把嘴巴张开，还在哇哇大骂的大鳖突然感到身体直线坠落，还没有发觉是怎么回事，已经掉到地上摔死了。

可怜又可悲的大鳖就这样断送了自己的性命，究其根本原因就是由于嫉妒造成的。上例中的动物尚且如此，更何况人呢？如果一个人在生活中产生了嫉妒情绪，那么他就从此生活在阴暗的角落里，不能在阳光下光明磊落地说和做，而是面对别人的成功或优势咬牙切齿，恨得心痛。一个人有了这种不健康的情感，就等于给自己的心灵播下了失败的种子。

嫉妒之心，人皆有之，即便是孩子也不例外。嫉妒对孩子身心的危害是很大的，当孩子嫉妒一个人的时候，就不会对那个人友善、热情，两个人的关系必然冷淡，还会破坏集体的团结和良好的心理氛围。

赵莉是一个来自农村的女孩。三年前，她以优异的成绩考取了某著名学府的英语专业，这让她有了出人头地的机会。她是一个热情大方、乐于助人的女孩子，因此，同学和老师都十分喜欢她。

可她并没有就这样积极地与人相处下去，在与同学的不断交往中她产生了严重的不平衡心理。只要别的同学哪方面比她强，她就眼红；只要老师在同学面前表扬别的同学，她心里就酸溜溜的。她总是抱怨自己生在一个并不富裕的家庭，看到别的同学锦衣玉食就极不平衡；别的同学得了奖学金或评为"三好学生"，她就嫉妒得夜里辗转反侧无法安睡，还时常抱怨上天的不公。

最让她看不惯的是与她来自同一所高中的老乡同学。原来两个人在高中时各方面都不相上下，上大学后，老乡的成绩越来越好，而且被选上了学生会干部，她就更加妒火中烧了。为此，给那位老乡散布流言蜚语，造谣中伤，成了她取代认真读书的头等大事。在一次选举学生会干部时，她为了把老乡比下去，竟然不知羞耻地在下面做小动作——拉选票，结果她的阴谋被同学们识破，唱票时只有她自己投了自己一票，搞得十分狼狈，同学们也越来越讨厌她。

但她并没有就此收手，已经被嫉妒冲昏了头脑的她，一计不成又生一计。在期末考试中，她知道凭自己的水平是拿不了高分的，于是，她就采取夹带字条的方法作弊。在最先的两门考试中，她的计谋得逞了。正当她自鸣得意、觉得胜利在望时，却在第三门考试中被监考老师抓个正着。老师说："我早就注意到你了，以为你会有所收敛，没想到你一而再、再而三地作弊。我再也不能容忍你的所作所为了。"赵莉痛哭流涕地求监考老师手下留情，可是学校的制度是无情的。当天，学校教务处就做出了开除其学籍的处分决定。

赵莉的悲惨结局是令人痛心的。大学是多少青年人梦寐以求的地方啊！可是，赵莉的大学梦就这样被自己毁灭了。造成这个悲惨结局的罪魁祸首是谁呢？不言而喻，那便是嫉妒。

嫉妒对于孩子的身心发展是十分有害的，不仅直接影响安定团结，阻碍人的前进，甚至还会诱发犯罪。如果孩子屡生嫉妒，日久天长，会成为一个心胸狭窄的人，不利于其健康成长。因为嫉妒心理强的人，别人的成功和他自己的失败，都会给他带来痛苦，平添不少烦恼。

嫉妒是孩子成长过程中一个不容回避的问题，它并不可怕，关键在于如何战胜它。生活中，父母要对孩子的嫉妒心理给予关注，平时要细心观察了解，关心他们的心结所在，一旦发现嫉妒心态的萌发，就应该及时地加以正确引导、制止和纠正，使孩子能够朝着健康的方向发展，在以后的人生道路上成为真正的强者！

1. 帮孩子化解嫉妒心理

孩子有嫉妒心理是很正常的现象。父母平时应该多和孩子接触交流，及时掌握孩子的心理变化，了解孩子嫉妒的直接起因，耐心倾听孩子的心理感受。要知道，孩子的嫉妒是直观、真实甚至自然的，它完全不像成年人那样掺杂着许多其他的社会因素，它只是孩子们对自己愿望不能实现而产生的一种本能的心理反应。因此，当孩子显露出嫉妒心时，作为家长，千万不要严加批评指责，而是倾听，理解他的愤怒、不安、烦躁等不良情绪。在孩子倾诉完之后，要为他正确分析与他人产生差距的原因。积极寻找缩短差距的途径和方法，以便使孩子能正确与他人进行比较，以积极的方式缩短实际存在的差距，最终化解内心的不平衡。

2. 帮助孩子树立正确的竞争意识

有的孩子在与别人的竞争中，获得了成功就会沾沾自喜，看不起人，而一旦比不上别人就会认为事事不如别人，产生嫉妒的情绪。这时候家长应多关心、注意孩子，帮助孩子树立正确的竞争意识，要让他们明白竞争的真正意义在哪里——是为了找到自己的位置，并努力提高自己的能力，实现自己的价值，而不是用不正当、不光彩的手段去获取竞争的胜利，把孩子的好胜心引向积极的方向。

3. 不要拿孩子与他人比较

本来孩子是没有与别人比较的习惯的，但家长多次强化后就会把孩子的目光转向别人，逐渐形成与别人比较的思维习惯。例如，"你看××写的字多工整啊！""你看人家××的成绩，再看看你自己的！"在这种情况下好胜的孩子看到别人比自己强时，就容易产生嫉妒心。所以，家长要理解孩子这一心理特点，不要轻易拿孩子和别人比较，更不要用挖苦的口气，拿别人孩子的长处来贬低自己的孩子。

4. 培养孩子宽容的品质

有嫉妒心理的孩子，往往有自身的性格弱点。如与人交往时喜欢做核心人物；当不能成为社交中心时就会发脾气；同时，他们不会感谢人，易受外界影响等。对这类孩子，父母要悉心引导。在孩子面前要对获得成功的人多加赞美，并鼓励孩子虚心学习他人长处，积极支持孩子通过自己的努力去超越别人、战胜自己，使孩子的嫉妒心理得到正当的发泄。让孩子懂得"金无足赤，人无完人"，每个人都有自己的长处，也有自己的不足。帮助孩子形成正确的自我认识，可以让孩子认识到自己的优点和不足，变得不再嫉妒。

适者生存，让孩子更好地适应周围环境

英国生物学家达尔文在艰辛付出后，创立了"物竞天择，适者生存"的进化论原理。它给我们的重要启示是：要想生存发展，首先要适应环境。在生物进化过程中，只有那些最适合于周围环境的生物才能生存下来，其他的都被淘汰了。这条理论不仅适用于动物界，同样适用于人类社会，它也能够用来解释各种社会现象。

一家美国著名大学在面试中国留学生时，通过一个很小的细节考察了考生的环境适应能力。当时，共有7名考生，其中只有1名是女生。考官故意把考生的位置安排在空调下，而且将其功率开得很大。结果，6名男生都无法忍受长达

3个小时的面试，只有这位女生坚持到了最后。当面试结束时，主考官说："千里迢迢出国求学，属于万事开头难的阶段，所以只有能够适应环境，敢于接受挑战，并且能够以愉快的心情去面对压力的人才会被我们录用。这位女同学，欢迎你加入我们！"

这个故事告诉我们，适应环境的能力是必需的，因为只有从容地适应环境，才能好整以暇地迎接挑战。

科学技术的飞速发展，让现代社会的竞争变得日益激烈，如果我们想在竞争中生存下来，就要学会适应周围的环境，养成良好的适应性，找到适合自己的生存法门。只有这样，才能更好地在这个社会生存。

达尔文曾经说过："不要期待环境为你而变，而要争取尽快地改变自己来适应环境。"任何人都不可能离开环境而生存，在无法改变环境时，只有改变自己，努力去适应环境。人不可能一直生活在自己意愿的环境中，当生存的环境变得越来越艰难时，我们要懂得改变自己去适应它。如果环境不利于我们，我们若要强行让外界适应我们的话，就可能会花费巨大的代价。所以说，与其试图让改变环境适应自己，不如改变自己去适应环境。当你从这样的认识出发，面对现实，千方百计改变自己，你就会发现，在改变自己适应环境的同时，环境也会逐渐遂了人愿。

适应能力是我们每个人生存和发展的基础，对孩子来说，也是将来能够立足于当代竞争社会的必备能力。而且适应能力强的孩子能够快速适应新环境、接受新事物，并能保持愉快的心情，更快学习到有用的生活经验和知识。

有个名叫爱丽丝的小女孩在出生后一个月就被确诊为重度先天愚型患儿，这在医学上被认为是不可逆转的疾病。果然，一直到6岁，爱丽丝才能够从1数到5。因为这个疾病，爱丽丝经常受到小朋友的嘲笑。爱丽丝的父母非常心疼她，他们很少让爱丽丝出门，想用这种方式把她保护起来。但爱丽丝却说：

"我不想做一个逃避的人，我想勇敢面对我自己。"

有一次，爱丽丝观看了一场交响乐队的演出，她对此深深着迷，一发不可收拾，只要有机会就一定要去看演出、学习乐谱。爱丽丝的父母惊喜地发现，她的逻辑思维虽然很差，但她的形象思维却出奇的好。面对一首曲子，她总是很快就能悟到指挥的要领。有一次，某个乐队排练的空隙，指挥家问小爱丽丝："想不想当指挥？"爱丽丝几乎不假思索地答道："想！"然后她竟然真的爬上了舞台，举起指挥棒指挥起来。起初乐队的成员都觉得这很有趣，但渐渐地，他们发现爱丽丝有很好的乐感，指挥得非常投入，于是大家纷纷跟着演奏起来……一首《卡门》演奏完毕，大家纷纷鼓起掌来，惊叹于爱丽丝有这样的才能！这时的爱丽丝只有10岁，这是她人生中第一次指挥。

后来，乐队的指挥总是非常认真地教爱丽丝指挥。爱丽丝靠着自己的热情和天分，很快就掌握了指挥的精髓。她每次站在舞台上，全身都散发出一种令人无法抵抗的魅力。她带领着每一位乐手，将一首首曲子推向高潮。当越来越多的人认识她，问她是怎样达到这样的水平时，她说："我不想让客观条件束缚自己，我只想和你们一样生活在这个精彩的世界中！"

一个人要想营造成功幸福的人生，就一定要有适应环境变化以及新环境的能力。生活中，我们每个人都会遭遇恶劣的环境，既然我们没有办法改变，何不试着去适应呢？这是一个适者生存的时代，只有学会适应社会环境，个人才能生存和发展。要知道，一个人不可能总是生活在同一个环境中，即使是生活在同一个环境中，环境也会时常发生变化，如果不会适应环境的变化或者适应不了新环境，则只能被淘汰或归于失败。

生活中，有很多孩子常常因为学习或生活环境的改变而变得极不适应，但是，他们似乎忘了现实的环境对他们有着不同的要求：只有先改变自己，才能适应自己所面对的生存环境。

美国儿童心理学家格里尼博士指出，每一位父母都应该知道，在现实的社会中，大人不可能总是为孩子提供一个完美的生活环境，所以，父母如何让孩子迅速适应环境才是最重要的。需要注意的是，适应环境不是一味地"顺从环境"，根据环境条件改变自身、调节自身，试着与环境条件保持协调，才是其本意，才能真正生存。只有适应环境，才能改变环境、创造环境，更好地发展自己。

周丽今年7岁，刚上小学一年级。她所在的班级一共有40多个同学，这比起周丽在幼儿园学前班时的同学几乎多了一倍。除此之外，周丽还发现上小学后，上课时间比原来也延长了许多，以至于好几次她都快要坐不住了，下课铃声才会响起来。让周丽感到苦恼的还有，老师开始每天都给他们布置家庭作业。而她经常因为记不清老师的要求而无法完成作业。这些问题不但将她对新校园的新鲜感冲淡了，而且还让她认为，上小学实在不是一件让人开心的事情。

一天，周丽的妈妈发现女儿有些闷闷不乐，就问道："丽丽，有什么不开心的事情吗？跟妈妈说说，看看有没有妈妈能帮到你的。"

周丽坐到妈妈身边，小声回答说："我不喜欢上小学，我还想回原来的幼儿园上学。"

妈妈很快猜到周丽有可能是不适应小学的环境，就笑着对她说："孩子，你已经长大了，不需要再上幼儿园了。等你小学毕业，还有初中、高中和大学在等着你呢！你会认识更多的小伙伴，学到更多的知识。现在因为你刚成为小学生没多久，所以还不太适应，不过妈妈相信你一定能够战胜眼前的困难，成为一名快乐的小学生！"

听了妈妈鼓励的话，周丽的自信心又回来了一些。在以后的日子里，她经常主动和其他同学聊天，遇到没听懂的问题也会及时询问老师。渐渐地，周丽不仅认识了几个新朋友，还真如妈妈所说，变得越来越快乐了。

周丽在刚进入小学时，因为在很多方面不适应新环境，所以内心很烦恼。

不过，在妈妈的及时引导和鼓励下她慢慢克服了困难，并开始喜欢上了这个新集体。

适应能力是一个人走向成功的重要因素之一。孩子总要长大走出家门，迈进校门，走向社会，其适应能力好坏将直接影响他的一生。因此，让孩子学会适应，是当代父母必修的家教课题。

1. 带孩子多接触新环境

生活中，有的孩子到了新环境就不知所措，无法很快融入其中。对于这样的孩子，父母应多带孩子接触外界。比如，家长可以带孩子去公园、游乐园等人多的地方，在保证安全的前提下，鼓励他自己去探索新事物，主动与其他孩子接触、交往。我们还可以鼓励他到新邻居家或者亲戚家串门，接触新朋友，等等。这对孩子适应能力的提高大有益处。

2. 培养孩子的心理适应能力

心理适应能力，对于提高孩子的综合素质，有着举足轻重的作用。只有孩子具备了良好的心理适应能力，才能更好地适应社会环境，对自己所处的环境做出积极的反应。

培养孩子的心理适应能力，可以先从培养和锻炼孩子的人际交往能力开始，让孩子养成遵守规范、乐于合作的意识和习惯，多与同伴交流，并告诉孩子一些与人交往的技巧，增加孩子交往的机会，让孩子自己去克服心理问题，理解大多数人的想法和做法。

3. 教孩子主动调整自己的行为

适应环境不是一味地"顺从环境"，而是根据环境改变自己、调节自己，让自己和环境保持协调。一位哲人曾经说过："改变自己事半功倍，改变环境事倍功半。"所以，我们要告诉孩子，在人生的路上，遇到什么样的环境并不在自己的掌控之中，唯有不断改变自己，让自己适应现实的环境考验，才能在新环境中赢得一席生存之地。

学会分享，让孩子以后的路更好走

所谓分享，就是指个体与别人共同享受欢乐、幸福、好处等。它是与独占和争抢行为相对立的，不仅包括对物质和金钱等有形东西的分享，还包括对思想、情绪、情感等精神产品的分享，甚至还有对义务和责任的分担。

分享是社会交往的一种重要方式。当一个人主动与他人分享，并可以切实做到，则可以取得他人的信任，为以后交往奠定基础。在孩子成长中，分享具有重要意义，分享可以帮助孩子赢得信任，促进语言表达和交流能力，同时也可以帮助孩子寻找与他人相处的方式方法，为社会交往奠定了基础。

学会分享是孩子成长发展中的一个重要的里程碑。然而，现在的孩子大多是独生子女，在家庭中拥有相对特殊的地位，父母过分的溺爱导致他们以自我为中心，产生了严重的自私心理，不愿意和他人分享好东西，孩子的独占欲很强，只关注自己的利益，不关注他人的利益。这样的心理是非常不健康的。

周末，妈妈从菜市场买回来一大袋丽丽爱吃的草莓。丽丽拿到厨房去把草莓洗干净，然后坐在沙发上边看电视边吃草莓，没有让爸爸妈妈吃一点。

由于草莓太多，丽丽一口气没吃完，她就把剩下的草莓放到冰箱里，并对爸爸妈妈说："不要吃我的草莓啊！"

有时候，同住一个小区的表弟飞飞会来找丽丽玩。每当得知飞飞要来，丽丽就会提前将自己最喜欢的一些玩具和绘本书藏起来，表弟来了后，她只给他拿一些自己不喜欢玩的东西让他玩。

有几次，表弟央求她，要看看她书柜里面的漫画书，可央求了半天，丽丽还是不愿意把自己的书拿给表弟看。妈妈批评她说："弟弟总是大方地把自己的东西给你玩，好吃的同你一起吃，你看你，一点当姐姐的样子都没有。"

不仅在家里，在学校里，丽丽也是有名的"小气鬼"。同学们带去的零食，她总是上前去要求分享，而她自己带去的东西则不肯拿出来，总是偷偷地一个人吃。渐渐地，同学们都疏远了她，并且总是在背后说她是个小气鬼。有时候丽丽听了也会郁闷一会儿，但是却不会让她改变主意。她心想，我就是小气，怎么啦？

对于女儿的行为，爸爸妈妈很是头疼，他们也不知道批评过女儿多少次，但是她就是改正不了。

其实，生活中像丽丽这样"吃独食"的孩子很多，他们通常很自私，不懂得感恩，与别人相处不好，不合群、孤僻、自大。而这些表现多是由于没有分享意识所导致的。

在当今社会，合作共赢、分享互助才是正道。孩子不懂分享，将自己的东西牢牢握在手中不肯让利、不肯让步，往往会让孩子失去很多朋友，也会让孩子的人际交往圈越来越小，这对孩子未来的发展十分不利。所以，为了孩子的健康成长，家长要让孩子从小学会分享。

马克·吐温有这样一句名言，"悲伤可以自行料理；而欢乐的滋味如果要充分体会，你就必须有人分享才行。"分享是孩子获取快乐的途径。一个乐于分享的孩子很自然地能够交到更多的朋友，更加受欢迎。孩子可以从分享中真切感受到分享带来的快乐，这对他们正确理解分享以及将来形成健全人格都具有十分重要的意义。

高明杰是个特别霸道的孩子。由于是家里的独生子，高明杰常常是想怎么做就怎么做，全然不顾别人的感受。在家的时候，无论什么事情都要别人顺着他，要不然就大哭大闹。比如，一家人在看电视，他突然想看动画片，于是也不管别人正看得高兴，非要换台找到自己想看的节目。高明杰的房间不许别人进，但是别人的房间高明杰就可以随意进出。

看到高明杰这么任性，妈妈很着急，回想高明杰这几年的成长历程，妈妈发现是自己太惯着高明杰了，这都是妈妈以前事事以高明杰为中心的后果。为了让高明杰不再这么自私，学会与人分享，妈妈决定从引导他学着与人分享东西开始来改变这一状况。

正好第二天朋友带着孩子来家里做客，朋友买了一些香蕉，高明杰只顾自己拿着香蕉吃，于是妈妈让他拿一个香蕉给别的小朋友吃，但是高明杰不肯，还振振有词："这是阿姨给我买的香蕉，别人不能吃。"

爸爸正想去拿别的水果，这时候妈妈说："小朋友到我们家来玩，我们应与别人一起分享好东西。高明杰你想想，如果你去别人家玩，人家只顾自己吃东西而不给你吃，你会高兴吗？"高明杰想了想说："不高兴。"妈妈接着说："对呀，所以高明杰也要和别的小朋友一起分享香蕉吃。你说对吗？""哦……妈妈，你说得对，我这就把香蕉分给大家吃。"

话还没说完，高明杰就把手里的香蕉分给大家了。

让孩子学会分享，体会分享的快乐是孩子成长道路上不可或缺的，在分享中孩子会找到更多的知己和伙伴，也会给孩子无形地建立很好的人际基础。

教会孩子懂得分享是为孩子未来的人生打下平稳的基础，这种好品质也是孩子以后在社会上的立身之本。一个懂得分享的人，一定懂得感恩，那么他的人生也必定是快乐的。

1. 让孩子明白分享的乐趣

孩子的分享意识和行为要依靠父母的引导。孩子的心理之所以不愿与人分享，是因为他觉得分享就是失去。家长要让孩子明白分享是互利。分享体现了自己对别人的关心和帮助，别人也会回报自己同样的关心和帮助，这样彼此关心、爱护、体贴，大家都会很快乐。

2. 引导孩子的分享行为

孩子的分享行为不是自发生成的，家长必须在日常生活中引导孩子怎样做。如：吃东西时，有意识地引导孩子将食物分发给大人，告诉孩子好吃的要和大家分享，还可以尝试着让孩子把好的、大的先给别人吃，而大人在欣然接受孩子给的东西时，别忘了说"谢谢！"，让孩子感受到真实的分享。再如，家长还可以利用节假日、过生日等机会，让孩子与同伴一起玩耍，并鼓励孩子拿出自己心爱的玩具，让他体验与别人一起玩自己的玩具的快乐。事后，父母可以告诉孩子玩得高兴的原因在于和同伴一起分享了他的快乐。如果你愿意与别人分享你的快乐，以后你与同伴玩时，他们会乐意和你一起分享他们的快乐。

3. 及时表扬孩子的分享行为

在分享的问题上，只要孩子有一点表现，父母就要加以表扬，一次小小的进步就大力表扬，让孩子喜悦地发现原来自己的行为可以让父母如此快乐。这样孩子下次遇到同样情况时，会很容易回想起父母上次的反应，也会逐渐修正自己的不良行为。

4. 做一个乐于分享的家长

家长是孩子最好的榜样。在日常生活中，家长关心别人、帮助别人，自然会给孩子潜移默化的影响。父母要做与人分享的模范，经常主动地关心和帮助别人；做了好吃的点心分给邻居尝尝，毫不吝惜地借给别人需用的物品等，这些小事都会为培养孩子的分享意识起表率作用。这些行为都无声地鼓励着孩子与人分享，这样的孩子也会有人愿意与他们分享。

第七章
假如生活欺骗了你：
如何让孩子
更好地适应社会

树立正确的人生观，孩子才会更强大

人的一生成功与否、幸福与否、快乐与否，很大程度上取决于自己的人生态度，也就是我们常说的人生观。对孩子来说，培养积极向上的人生观，比学习知识更重要。只有让孩子拥有一个正确的人生观，才能让他们有梦想，会为了梦想而努力，让他们学会承担责任，让他们知道学习不只是为了自己，也可以为了社会、为了家庭、为了爱，只有家长教导正确，孩子的心理才会变得坚强，他们才会学着乐观，他们才不会觉得人生没有意义，才会坚强。

周鹏是个正在上高三的大男孩。他很聪明，学习成绩很好，老师们都非常看好他，以他现在的成绩考上重点大学是没有什么问题的。

可就在离高考还有一个多月的时候，周鹏居然向父母提出退学的要求。妈妈一向对周鹏都很尊重，她询问儿子原因，孩子竟然说出了让她做梦也想不到的答案。周鹏说："我觉得人生没有任何意义，我也不想当什么科学家，反正人死了都是一样的。"

妈妈通过调查得知，原来周鹏前不久与班里的一位女同学谈恋爱，但是临近高考了，女同学为了不影响双方考试，就向他提出分手。失去女友的周鹏觉得生活的一切都没有意义，活着没有了任何价值。

妈妈意识到，自己疏忽了对孩子进行正确人生观的教育，以至于孩子如此消极厌世。

　　人生观是人们对人生目的和人生意义的根本看法和态度。它决定一个人做人的标准，是把握人生方向、抉择人生道路的指南。如果一个人没有树立正确的人生观，在人生征途上就会或彷徨徘徊，或随遇而安，或庸庸碌碌、无所作为。相反，一个人树立了正确的人生观就能正确地对待苦与乐、好与坏、荣与辱、美与丑、善与恶、生与死、公与私、友谊和爱情，就可以使人的一生过得有意义、有价值，人生观是决定人生成败的总开关。而孩子人生观的形成与家庭环境和社会环境是密不可分的。

　　对孩子来讲，树立正确的人生观是成才的需要。我国著名作家柳青说过："人生的道路虽然漫长，但紧要常常只有那么几步，特别是年轻的时候。"因此，家长必须逐步帮孩子树立正确的人生观。

　　孙伟一向挺自信的，上初三那年，忽然有几天他显得情绪飘忽。父亲跟他聊天，原来他看了几本名人传记后受到感动，梦想着自己也能建功立业、出人头地，转而又怕自己平庸无为而惶惑不安。

　　接连几天，父亲与孙伟一有空就拾起这个话题，激烈争辩后，有了明确的答案。他认识到："世界上没有比人更高的山，敢拼才会赢。"雄心壮志难能可贵，但是创业的艰辛无法回避，机会可遇不可求，它只青睐有准备的人。他们懂得了功名的光环只能罩在幸运儿头上，但是普通劳动者同样可敬，无名英雄通过努力也能获得成功与幸福。

　　一个人的价值观能够体现他对事物对人生的态度，孩子从小开始树立正确的人生观为以后铺平了路。不可否认，"人生"是个大课题，但这并不意味着只有成年人才有资格探讨、体悟。孩子的理解能力有限，但只要用恰当的方式去引导、去发掘，孩子同样可以获得对人生的理解和感悟，从而指导自己的行动，无疑，这对孩子的成长是大有裨益的。

一个人树立良好的人生观，对于他的未来发展有着积极的作用，当然，这必须是从小培养起来。万丈高楼都得从打好地基开始，对孩子的培养就更加应该是从小教起了。父母对孩子的家庭教育可以分成两大部分来进行。一方面，是进行观念性的教育，从根本上和孩子谈些关于人生目标的问题，也要让孩子明白人生目标的意义。另一方面，父母要经常和孩子讨论人生大事和人生经验。不管工作有多忙，每天都要抽出一定的时间和自己的孩子交流，哪怕只有10分钟，这10分钟的时间，也能够传递正确的人生观和价值观。总之，家长是孩子人生路上的领路人，必须站在时代的前列，在解决自身思想信念转变的同时，促进和指导孩子树立正确的人生观，这是时代赋予家长的使命。

1. 帮孩子树立远大的理想

理想是人生观的精神支柱，是人生观的重要组成部分。引导孩子树立自己的理想与信仰，是使他们生活快乐、学习努力、健康发展的重要途径。如果一个人没有自己的理想与信念，他的人生价值也许便会无所依附，他的心灵便会因为空虚而倍感无聊。所以家长必须让孩子明白，人的生命是有限的，要使有限的生命有意义，就必须使人生具有明确的奋斗目标，这样才能在明确的目标指引下沿着正确的人生道路前进，这对孩子的一生具有决定性的意义。

2. 做好孩子的榜样

家长是孩子的一面镜子，家长的言行对孩子有潜移默化的作用。如果你要让孩子有远大理想，家长首先就该是个有理想、敢奋斗的人。在家庭教育中，父母要正确引导孩子的言行。一方面要规避"功利"交往在孩子眼前出现，另一方面则更要以正确的言行来教育孩子，帮助孩子树立科学的人生观和社会交往意识。

3. 利用榜样的力量

没有正确的人生观做指导，人生就如同在黑夜中赶路找不到正确的方向。父母可以为孩子讲述一些名人的故事，让这些人物的人生观激励孩子正确地面对人生，树立正确的人生观。

4. 及时鼓励孩子

当孩子遇到挫折和挑战时，难免会出现消极的态度，这个时候，父母就需要在孩子的身边不断地鼓励，让孩子找到积极应对的动力，鼓励是孩子形成正确人生观不可或缺的条件。

教会孩子理财，收获人生财富

什么是理财？理财就是正确地认识金钱，灵活地运用金钱，科学地管理金钱。在短缺经济时代中，我们收入微薄，除了吃穿用外所剩无几，根本谈不上理财。如今时代不同了，随着商业、金融、贸易等经济活动的日益活跃和投资领域的大力拓宽，人们对理财能力的要求愈来愈高，理财教育便成为使孩子顺应社会发展需要的必修课之一。

石油大王洛克菲勒16岁开始闯荡商界。他最先是在一家商行当簿记员。他从母亲那里继承了清教徒式的节约习惯。虽然收入不多，月薪只有40元，他仍然把大部分钱积蓄起来，为日后的投资做准备。两年后，他开始做腊肉和猪油的投机生意，成为一个小有资本的商人。这时他仍然保持着储蓄的习惯，他要为今后的大投资做准备。机会来了，在1859年石油业掀起热潮时，他凭靠长期积蓄的财力，在一家炼油厂拍卖时，不惜重金，每次叫价都比对手高，最终获得了这家炼油厂的产权。这就是他赖以起家，登上石油大王宝座的"标准"新炼油厂。经过20年的经营，洛克菲勒控制了美国90%的炼油业，成为亿万富翁。他成功的基础，就是他16岁时开始养成的理财习惯。

理财是人生的重要一环，它不仅是成人必备的，也是孩子不可或缺的课程。正确的金钱观和理财方法会成为孩子未来事业、生活的好帮手。

理财是一个过程，包括挣钱、消费、储蓄。父母亲指导孩子理财，是指让孩子了解、参与、实践挣钱、消费、储蓄的全过程。让孩子知道花钱容易挣钱难，挣了钱也不能全部花掉，还要储蓄，保证"财务安全"。

很多父母不愿意和孩子去讨论理财，一方面是觉得孩子还小，不应该让她整天绕着钱转；另一方面是觉得孩子不懂理财，跟孩子讲也没什么用。其实这些观念是不对的。从小让孩子接触理财，对孩子形成一个成熟的理财观念有非常大的帮助，讨论的过程不仅仅是亲子的过程，同时也是教会孩子理财知识的过程。

一项对2000余名未成年犯和1000余名普通未成年人的调查显示，未成年犯的零花钱明显高于普通未成年人，而且在所有犯罪类型中，因为抢劫、盗窃等与"钱"有关的罪名而入狱的孩子占到全部未成年犯的70%以上。未成年人对金钱的认识及走上犯罪道路的教训，反映出对孩子理财教育的缺乏。没有受过理财教育的孩子只知道花钱，缺乏正确的消费观念和创造财富的能力，所以我们要对孩子进行理财教育。

国内外教育专家认为：孩子越早接触钱，学会了理财，长大后也就越会赚钱。儿童行为学家经过研究发现，孩子在5～14岁时，是理财能力得到培养的关键时期。但实际上，一些西方国家在孩子的理财能力培养方面早已逐渐提前。美国家庭中，孩子一般在3岁时就能辨认硬币和纸币，6岁的时候父母就会培养他具有"自己的钱"的意识，等孩子长到十二三岁，父母就会要求孩子自己尝试打工赚钱；法国家庭中，一般孩子从3岁左右起，就要接受来自父母的"理财课程"，在这一课程里，父母会向孩子灌输基本的货币概念，等孩子长到10岁左右时，往往就已经有了自己独立的银行账户。

这是在一个极其富有的德国家庭发生的一幕：

"爸爸，我现在已经赚到1马克了。"女儿艾米丽一见父亲，立马飞奔过去。

"哦，真的吗？"父亲帕尔一脸惊喜地问道。

艾米丽从口袋中掏出一张皱巴巴的纸币。小家伙将这点可怜的钱紧捏在手中，并高高地、带着十二分的炫耀对她的爸爸说："爸爸，你看，这是我帮邻居埃里大叔修草坪得来的。"

"哦，亲爱的，你真是太了不起了！告诉我，你准备怎么花掉这1马克呢？"

艾米丽歪着头想了半天："我原来准备用它买一个小兔玩具的，可是，我已经有了一个小飞机。现在嘛——"

帕尔耐心地看着女儿的眼睛，可艾米丽思索了半天，也想不出要用这1马克来做什么。

帕尔说："你每天从埃里叔叔那儿拿回来的一定都是些零碎的钱吧？这样会很容易丢掉的。我看，不如你把这些钱先存到银行里去，等你想起要买什么东西的时候，再取出来如何？这多保险呀。而且，爸爸可以向你保证，到时候取出来的钱都将会是很新很新的。"

听了爸爸的话，艾米丽想了想，说："爸爸，你说得对。我的一些同学都在银行开有个人账户。可是，爸爸，我不知道怎么去银行存钱。"

帕尔说："这个没问题，爸爸可以帮你的忙。"

艾米丽问："是在今天吗？"

"是的，亲爱的，是今天，爸爸和你一起去银行，帮你开个账户，你就可以把手里的这些钱存进去了。"

帕尔先生带着他的女儿走进离家不远的一家银行的营业大厅的柜台前边，开始详细地指导女儿如何填写各种花花绿绿的表格。

理财是一种生存技能，让孩子学会理财是非常现实的选择。理财教育是家教的有机组成部分，是与伴随孩子健康成长的方方面面问题息息相关的。从小就有意识地培养孩子的理财能力，指导孩子熟悉、掌握基本的金融知识与工具，从短期效果看是养成孩子不乱花钱的习惯，从长远来看，将有利于孩子及早形成独立的生活能力，使其在高度发达、快速发展的时代中，具有可靠的立身之本。

总之，"理财教育"要从孩子开始，这不但可以让孩子在接受"理财教育"的过程中，正确对待金钱、运用金钱，学到一些判断价值和培育道德的尺度，树立自尊、自立和责任感，促进其个性能力的发展，还能为其长大后独立理财和开拓成就一番事业打下一个较好的基础。

1. 让孩子学会记账

由于孩子年纪小，花钱没有节制，父母可以教孩子学会记账，记录每次的花销。例如，今天买书花费了30元、买袜子花费了10元，这些都是可以记录在小账本里的。让孩子记账的好处是孩子清楚自己的钱花在哪儿了，并慢慢意识到哪些钱是该花的、哪些钱是不该花的。另外，父母也可借此了解孩子的消费倾向，若发现有偏差可适时纠正，并可以培养孩子量入为出的好习惯。

2. 引导孩子合理消费

对许多孩子来讲，在家里没有太多的生活开支让他们承担，但当他们长大后开始自己付水电费、买食物和衣服以及付交通费用时，会因缺少经验而束手无策。为了帮助孩子为未来生活做好准备，家长可以协助孩子拟定一个消费计划并正确执行。让孩子通过亲身的消费体验，学会精打细算，不乱花钱，不浪费钱财。

3. 培养孩子储蓄的习惯

储蓄是理财的基础。父母可以陪孩子到银行办理账户的申请，也可趁机教导一些存取款的手续和知识。例如：孩子手里有1000元压岁钱，父母就可以去引导孩子为自己留多少、存多少，存定期还是活期。刚开始可以将钱存为短期的，那么孩子就能够在短期内看到自己的存款数额在增加，相信孩子就会对这类的理财信息感兴趣，并自发地去学习一些理财知识。

4. 让孩子参与到家庭理财中来

在对孩子进行财富教育时，家长可以让孩子参与到家庭理财的行列中来，这样孩子就会清楚家庭的财政状况以及家庭人员的消费情况。这样一来，在耳濡目染中，孩子也会根据家庭收入情况树立正确的消费观，客观地评价自己的消费行为，及时地改正自己的不良消费习惯。

培养领导能力，让孩子成为领袖人物

说起领导力，很多人的认知或许还停留在"当领导"的层面上。其实，领导力不是一个职位或一种权力，而是一种关键能力。

哈佛商学院弗朗西斯·福雷教授曾说过："领导力表现在，因为你的存在能使他人变得更好，而且当你不在的时候你的影响力还能一直持续。"由此可以看出，领导力就是能让自己和这个世界变得更好的影响力。它不是当领导才需要，也不是要对别人指手画脚。实际上，领导力是一种学习如何面对困难、解决问题以及如何对他人起到积极作用的影响力。

如今，越来越多的人开始认可，领导力是未来个人必备的关键能力之一。一个具有领导力的孩子不仅具有强大的人格魅力，也更容易走向事业、人生的成功，成为未来最受欢迎的人。

领导力是西方教育最看重的品质之一。众所周知，美国孩子非常具有领导能力，很多小孩子或者中学生的领导能力，都让一些成年人惊叹不已！他们的父母、老师从小就注重培养孩子的领导能力如参加各种演讲、演出，让小孩子自己组织活动、比赛等。目前，美国等西方国家的学校已经把学生领导力的培养引入正常教学实践中，中国的许多教育专家也越来越重视对这个问题的研究。他们发现在领导者的能力中，大多都是可以通过对孩子的培养获得的，比如胸襟开阔、与人合作、支持别人等。这也给家长培养孩子的领导力指明了道路。从小培养孩子的领导才能，让他们能够在群体中脱颖而出，使他们将来能够带领一班人完成更大的事业，这对社会、对个人都非常有帮助。

　　幼儿园要求小朋友自荐当干部，亮亮争当劳动委员。妈妈却反对："每天要早到20分钟打扫卫生，多辛苦。"亮亮问，当体育委员行吗？妈妈又数落："活动时要负责拿运动器械，磕着碰着怎么办？"总之，妈妈只希望亮亮学习好、身体好。至于当班干部累人又费时间，一点好处都没有。由于不关心集体，亮亮形单影只，没有任何号召力。

　　小强正相反，无论是幼儿园、社区，还是兴趣班，妈妈都建议他主动请缨当干部，锻炼他的领导才能。由于从小就获得了与人打交道的经验，具备超越同龄小朋友的管理能力，刚上小学，他就成为学校外联部的"小干部"，还在电视台出镜，为学校做专辑。他的理想是：长大做个外交官。

　　没有天生的领导者，只有后天造就的领导者。每个孩子都有潜力成为领导者，领导能力是能够被教育和培养出来的。美国著名的体育运动心理中心主席安德逊教授和许多运动员、学生、军校学员和公司经理一起工作相处过。根据经验，他确信领导者不是天生的，而是后天培养出来的。而孩子因为体内睾丸素的作用，天生就具有领导欲，假如父母能够好好开发和培养孩子的领导能力，那么相信当社会变革、国际交流、个性发展等诸多挑战与机遇降临到孩子的面前时，无论他是否处在领导者的职位，都能凭借自身良好的能力自如地应对。

　　培养孩子的领导能力应被视作孩子早期教育的重要内容。那么，有哪些方法可以帮助家长们培养孩子们的领导能力呢？

　　1. 给孩子正面积极的肯定

　　孩子内心深处都有当领导的欲望，所以培养他的领导能力的第一步，就是给他积极的肯定，不断累加他的自信心，并引导他积极地思考，进而培养他处理事情的能力。

　　2. 鼓励孩子多多表现自己

　　领导才能需要在实践中不断磨炼。鼓励你的孩子出面组织一些集体活动。支持孩子在班上竞选班干部，在运动队中担任负责人，因为这些都可以给孩子提供展示自己领导能力的机会。如果孩子能够成为校学生会或团支部的成员，那么他同样拥有锻炼并展示自己领导才能的良好机会。

　　3. 让孩子自己做出决断

　　孩子有主见，有很好的自我控制能力，才能更好地承担起领导者的角色。父母要培养孩子的主见和自我控制能力，就要尽量让孩子自己做决定，增强孩子的鉴别力，提高孩子自我管理的能力。

　　4. 培养孩子的交往和沟通能力

　　人是群居动物，与人交往是一生中不可避免的事情，怎样让孩子从小就能够和别人和谐相处，是关系到孩子长大成人之后的交际和与人合作能力的一件大事。与人沟通交往是每个领导者都必须要面临的，所以，培养孩子的沟通、交际能力是培养孩子领导力的一个重要方面。

树立竞争意识，让孩子在竞争中成长

有这样一个小故事：

一位动物学家在非洲奥兰治河域考察时，意外发现河东岸和河西岸的羚羊大不一样，前者繁殖能力比后者更强，而且奔跑速度每分钟要快13米。他感到十分奇怪，既然环境和食物都相同，何以差别如此之大？为了能解开其中之谜，动物学家和当地动物保护协会进行了一项实验：在河两岸分别抓10只羚羊送到对岸生活。结果送到西岸的羚羊繁殖到了14只，而送到东岸的羚羊只剩下了3只，另外7只被狼吃掉了。

谜底不久即被揭开，原来东岸的羚羊之所以身体强健，是因为它们附近居住着一个狼群，这使羚羊天天处在一个"竞争氛围"中。为了生存下去，它们变得越来越有"战斗力"。而西岸的羚羊长得弱不禁风，恰恰就是缺少天敌，没有生存压力。

无独有偶。一个牧场常被狼叼羊，于是牧场主用了整整一个冬季请猎手才把狼给消灭掉了，本以为狼患没了，羊可以没事了，但更大的损失等着他。羊群开始流行瘟疫，羊大量死亡。请来兽医，瘟疫还是接连不断的发生。无奈，牧主请来一批专家，专家却重新把狼给请来了。瘟疫很快没有了，羊又恢复了往日健壮的样子。原来，狼对羊群有着天然的"优生优育"功能。狼的骚扰使羊群常常处于激烈运动之中，羊群因此格外健壮，老弱病残的落入狼口，瘟疫源也就不复存在了。

上述现象告诉我们，动物是在竞争中生存的，正是因为这种残酷的竞争，它们才充满活力。人也是如此。只有在竞争中，才能不断地壮大自己。

当今社会，挑战与机遇并存，竞争与成功同在，树立正确的竞争意识是人生的一个重要话题。一个人如果不具备竞争的意识和竞争的能力，很难在社会上立足。因此，要让孩子能适应明天的竞争，成为生活的强者，就必须从小注重对孩子竞争意识的培养。

竞争意识是指对外界活动所做出的积极、奋发、不甘落后的心理反应。它是产生竞争行动的前提。在今天，每一个孩子都应该视竞争为常态，不竞争为非常态。但在实际学习、生活中，总有一部分孩子对学习或某项活动甘心落后，怯于竞争，表现出动摇、胆怯、逃避等消极意志品质。身为父母者，要让孩子明白竞争是现代生活中不可或缺的内容，学会竞争是现代人基本的生存能力，要在竞争中体现自我，从竞争中走出精彩人生。

李静读高一时，班上调来一位教化学的李老师。这位老师是某中学的特级教师，其学生曾在国内甚至是国际中学生化学竞赛中创造过优异成绩。一次家长会上，他对家长们说："我准备组织部分学有余力的同学参加化学竞赛小组，希望家长支持孩子踊跃报名。"散会后，家长们纷纷议论，有的说，马上就高二了，各科考试压力都很大，孩子再参加竞赛，弄不好会影响其他科成绩，得不偿失。李静的父亲却有自己的看法，坚持鼓励孩子参与这项竞赛。结果，李静不但在竞赛中获了奖，而且其他科成绩也未受到影响。

其实，从小学起，李静的父母就鼓励孩子勇于竞争。那时，李静除了参加数、理、化、英等主科竞赛外，还参加一些被许多家长认为是"不务正业"的竞赛活动，如小学生交通安全知识竞赛、四驱车速度竞赛、手工制作竞赛、建筑模型竞赛以及各种体育比赛等。这不但没有影响李静的学业，反而对她的学习起到了促进作用。

李静参加工作后，很快就适应了这个充满竞争的社会，并且，在各种职场竞争中，最终胜出的往往都是她。因此，她也成了最受老板赏识的、晋升最快的女下属。

从这个事例可以看出，李静能很快适应社会，并在各种职场竞争中胜出，是与她良好的竞争能力分不开的。所以说，培养孩子的竞争意识，增强孩子的适应能力，这是社会发展的需要。"有竞争才有进步。"只有力争上游，不断地修正自己，不断地学习、探索，才能学得更多、更好，才能立于不败之地。

培养孩子的竞争意识，鼓励孩子参与竞争，对孩子的健康发展具有重大意义。很多父母也知道让孩子早日明白竞争的意义，了解竞争的重要性是非常有必要的，于是他们通过各种措施鼓励孩子参与竞争。但是，如果家长盲目地鼓励孩子竞争，却没有让孩子领会到竞争的意义，那么对孩子的发展不但起不到推进作用，还易导致孩子陷入恶性竞争。当孩子成功时，他可能会变得骄傲自满，轻看别人；而当孩子失败时，他便怨天尤人，甚至仇恨对手，严重的还会做出伤害他人的举动，走向了歧途。

张铎从小学习优异，但是，上了高中以后，尽管他学习仍旧努力，但在班上才进入前十名，他很不甘心。他留恋小学、初中时期的辉煌，留恋名列前茅的感觉。他要想办法找回初中时"领跑"的感觉。

因为缺乏正确的竞争心理，张铎进入了思想的误区。他见不得别人比自己好，一旦身边的朋友考试成绩胜过自己，他就会觉得心里不舒服，疏远人家，排挤人家。为此，班上的同学越来越不喜欢跟他交往。

慢慢地，张铎陷入了孤独无友的境地，他的心态越来越阴郁，而他的学习成绩更是每况愈下。

可以说，非正常的竞争心理导致张铎对事物、对成绩不能形成正确客观的认识，最终他走入了偏见，产生怨天尤人的思想，影响他与其他同学的正常交往。对张铎来说，这种伤害是致命的，很可能会因此耽误张铎一生的发展。

竞争，本身是一种健康心理，但若不能正确引导，就会使人误入歧途。因此，作为家长，要想孩子对自己形成客观、正确的认识，应该从小培养孩子正确、健康的竞争心理，只有这样，孩子才有可能在失败中崛起，走出苦闷的心理困境。

1. 端正孩子竞争的心态

为了孩子的健康成长，作为孩子的第一任老师，父母要积极培养孩子健康的竞争心态。对于一些竞争欲望过于强烈的孩子，父母要帮孩子端正心态，让孩子明白竞争是展示自身实力的机会，是件美好的事，要用从容的心态看待超越和被超越，不应充满妒忌和愤懑。还要启发孩子在竞争中表现出高尚的情操，不要以打击对方的方式来达到自己的心理平衡，让孩子认识到竞争不应是阴险和狡诈、暗中算计人，应是齐头并进，以实力取胜。

2. 引导孩子正确面对失败

在竞争中没有常胜将军，没有哪个人能在各方面都次次取胜。因此，父母应该引导孩子正确地对待失败和挫折，知道强中还有强中手。多让孩子接受一些挫折教育，能培养孩子的意志，让孩子感到失败并不可怕，只有在失败之后及时地调整自己的心态，消除不必要的紧张、忧虑和自卑等消极情绪，才能争取到下一次的成功。

3. 引导孩子向竞争对手学习

向竞争对手学习，可以不断完善自己，令自己取得更大的进步。父母应该引导孩子将竞争对手视为学习的动力、目标以及榜样，学习竞争对手身上的优点，把对方当成自己学习上突破的一个动力，这样孩子就会收获人际和学习的双成功。

言而有信，教孩子做个诚实守信的人

自古以来，诚信就是人类社会活动的一个重要评价指标。诚者，信也。信者，诚也。诚信是做人的基本准则和最起码的道德修养，为人以诚，待人以信，不但是人的内在品质和精神要求，也是社会基本准则。一个人要想在社会上立足，就必须具有诚信的品德。

西方有位哲人曾经说过：这个世界上只有两样东西能引起人们内心深深的震动，一个是我们头顶上灿烂的星空，一个就是我们心中崇高的道德准则——诚信。的确如此，在这个大千世界里，人与人之间的交往离不开诚信。

公元前四世纪，在意大利，有一个名叫皮斯阿司的年轻人触犯了国王。皮斯阿司被判绞刑，将在某个法定的日子被行刑。皮斯阿司是个孝子，在临死之前，他希望能与远在百里之外的母亲见最后一面，以表达他对母亲的歉意，因为他不能为母亲养老送终了。他的这一要求被告知了国王。国王感其诚孝，决定让皮斯阿司回家与母亲相见，但条件是皮斯阿司必须找到一个人来替他坐牢，否则他的这一愿望只能是镜中花水中月。这是一个看似简单其实近乎不可能实现的条件。有谁肯冒着被杀头的危险替别人坐牢，这岂不是自寻死路。但，茫茫人海，就有人不怕死，而且真的愿意替别人坐牢，他就是皮斯阿司的朋友达蒙。

达蒙住进牢房以后，皮斯阿司回家与母亲诀别。人们都静静地看着事态的发展。日子如水，皮斯阿司一去不回头。眼看刑期在即，皮斯阿司也没有回来的迹象。人们一时间议论纷纷，都说达蒙上了皮斯阿司的当。行刑日是个雨天，当达蒙被押赴刑场之时，围观的人都在笑他的愚蠢，那真叫愚不可及，幸灾乐祸的人大有人在。但刑车上的达蒙，不但面无惧色，反而有一种慷慨赴死的豪情。

追魂炮被点燃了，绞索也已经挂在达蒙的脖子上。胆小的人吓得闭紧了双眼，他们在内心深处为达蒙深深地惋惜，并痛恨那个出卖朋友的小人皮斯阿司。但就在这千钧一发之际，在淋漓的风雨中，皮斯阿司飞奔而来。他高喊着："我回来了！我回来了！"

这真是人世间最最感人的一幕。大多数的人都以为自己在梦中，但事实不容怀疑。这个消息宛如长了翅膀，很快便传到了国王的耳中。国王闻听此言，也以为这是痴人说梦。国王亲自赶到刑场，他要亲眼看一看自己优秀的子民。最终，国王万分喜悦地为皮斯阿司松绑，并亲口赦免了他的罪行。

诚信是一种人品修养，是做人的根本准则。一个讲诚信的人能够前后一致，言行一致，表里如一，人们可以根据他的言论去判断他的行为，进行正常的交往。你无法对一个不讲信誉、前后矛盾、言行不一的人判断他的行为动向。

诚信是一种巨大无比的影响力，也是一种无形的财富。莫泊桑曾经写过这样一句话：一件小事可以成全一个人，也可以败坏一个人。诚信是一种态度，一种人生的理念。你具备并付诸行动了，它可以让你可信可敬，无往不利；你不具备的话，它会让你寸步难行，甚至身败名裂。

但在家庭教育中，很多父母却忽视了对孩子的诚信教育，他们非常重视孩子的学习成绩，或者不惜重金培养孩子的特长，以至于孩子的学习成绩与品德成绩有很大差距。现在不少孩子言而无信，不守信、不守时，甚至动辄说谎，有时可以编出一套套谎言来骗父母、骗老师、骗同学。有的则弄虚作假，测验考试作弊。不诚实、不守信的品行将会直接影响孩子的成长，直接影响孩子今后在社会立足，对父母来说，极有必要在孩子心灵中播下诚信的种子。

一个中学毕业的女生，和同学们约定了星期天去拜访老师。周日一大早，家里的电话响起，是表姐约她当天去郊游，地点是女孩一直都想去的风景区。她就把今天要和同学拜访老师的事情告诉了表姐，表示自己不能去郊游了。

可是，表姐说："这次有车，机会难得，之所以没有提前通知你是因为车里坐不下，但是，今早突然有人不去了，我就赶快给你打电话。我们一两天就回来，回来之后你再去拜访老师吧！你不是一直都很想去吗？"女孩说："可是和同学都约好了，和老师都说好了啊！"表姐说："那你考虑一下，尽快给我回电话。"

挂断电话之后，女孩很矛盾，到底是去拜访老师，还是跟同学说一声抱歉，然后和表姐他们去玩。正犹豫呢，女孩的父亲出来，女孩把表姐来电话的事情告诉了父亲。

父亲说："别想了，当然去拜访老师是对的，你答应同学去看老师在先，表姐约你在后。不能以你想去郊游还是想去拜访老师为标准，而是以事情的紧急程度和答应别人的先后为标准。所以，信守你之前的承诺就对了，至于郊游，有机会再去嘛！"

听完父亲的话，女孩安心地给表姐回了电话，高高兴兴地去拜访老师了。

教导孩子信守诺言，做一个诚实的人，对孩子的成长是大有帮助的。如果没有诚信的品德和素质，孩子就很难立足于社会，也不能进行正常的社交。缺失诚信，孩子会陷入非常难堪的境地，此外，孩子自己也难以对自己的存在价值做出肯定性的判断和评价。

诚信是孩子必需具备的道德素质和品质。家长必须让孩子明白：一个人只有诚实、不说谎、信守诺言，才能够建立起良好的信誉；如果经常说谎，会令人觉得你的话不可靠，到你说真话的时候，别人也可能仍然不相信，那时就后悔莫及了。

诚信是每个人必备的素质。只有从小教育孩子信守承诺，让孩子拥有诚信的品德，才能得到别人的尊重和信任，获得真诚的朋友和友谊，将来在事业上得到更好的合作伙伴和他人的支持。

1. 家长要对孩子讲诚信

教育孩子要诚信，父母自身首先要诚信。父母以身作则带给孩子的影响是深远的。在日常生活中，父母对待孩子一定要诚信，不要说话不算话。许多父母为了诱导孩子做某件事，总是轻易地许诺孩子某些条件，但是事后却没有兑现。孩子的希望落空后，就会发现父母在欺骗自己，也就会从父母身上得到一些经验，那就是不守信的许诺是允许的，大人的言行也是经常不一致的，等等。一旦这些经验转化为孩子说谎的行为时，父母恐怕要后悔莫及了。所以，要纠正孩子不守信用的倾向，家长首先要做到言行一致，才能取信于孩子。

2. 及时纠正孩子说谎的行为

斯宾塞曾说：要想使孩子成为一个堂堂正正的人，这些规矩必先学会遵守：要教育孩子讲真话，不说假话；做错事勇于承认错误并及时改正；无论怎样都要做到诚实。如果家长对孩子的错误行为没有及时地纠正，而是听之任之，任其发展，就必然会助长孩子的不良习惯。所以，当发现孩子不诚信的行为时，家长一定要及时纠正。

3. 强化孩子的诚信行为

当孩子表现出诚信行为的时候要给予及时适当的表扬。心理学研究表明，适当的表扬对于塑造儿童行为和培养良好的品德有着举足轻重的作用。所以，家长平时应多观察孩子的行为，一旦发现孩子做到了诚实守信，就应该加以肯定和表扬，使孩子的这一行为慢慢转化为习惯。

培养合作意识，让孩子从小学会合作

"三个臭皮匠赛过一个诸葛亮""众人拾柴火焰高"等谚语都是我们耳熟能详的，而通过这些前人们的智慧总结，我们明白了合作的重要性。

所谓合作是指两个或两个以上的人为了共同目标或者获得共同利益而自愿结合在一起，相互作用和配合，最终实现共同目标、满足个人利益的一种社会交往活动。

从前，有两个饥饿的人得到了上帝的恩赐——一根鱼竿和一篓鲜活的鱼。其中一个人要了一篓鱼，另外一个人则要了一根鱼竿。带着得到的赐品，他们分开了。

得到鱼的人走了没几步，便用干树枝点起篝火，煮了鱼。他狼吞虎咽，没有好好品尝鱼的香味，就连鱼带汤一扫而光。没过几天，他再也得不到新的食物，终于饿死在空鱼篓旁边。

另外选择鱼竿的人只能继续选择忍饥挨饿，他一步步地向海边走去，准备钓鱼充饥。可是，当他看见不远处那蔚蓝的海水时，他最后的一点力气也使完了，他也只能带着无尽的遗憾撒手人寰。

上帝摇了摇头，决心再发一次慈悲。于是，又有两个饥饿的人得到了上帝恩赐的一根鱼竿和一篓鲜活的鱼。这次，这两个人并没有各奔东西，而是商定相互协作，一起去寻找有鱼的大海。

一路上，他们饿了时，每次只煮一条鱼充饥。终于，经过艰苦的跋涉，在吃完了最后一条鱼的时候，他们终于到达了海边。从此，两个人开始了以捕鱼为生的日子，他们有了各自的家庭、子女，有了自己建造的渔船，过上了幸福安康的生活。

故事中前面的两个人因为不知道合作，所以两个人都饿死了；而后来的两个人懂得合作，最终过上了幸福生活。这个故事告诉我们，学会合作才能生存。

每一个人都无法孤立地生存在这个世界上，必然要与其他人形成一种关系——"合作"。合作就是大家为了同一个目标，联合起来一致地行动。著名的潜能大师安东尼·罗宾指出：没有合作，就没有成功。的确，在日常生活中，谁都不可能是一座孤岛，一个人要取得成功，必须学会与他人一道工作，并得到他人的合作。如果他要完成一件大事，那么也需要一支有效的、强大的队伍作后盾。在孩子的世界里，也同样如此。如果一个孩子不懂得与人合作，而是"唯我独尊""独来独往"，那么，他的生活一定是单调的，他也是一个不受人欢迎的人，因为没有同龄人和他交朋友，没有同龄人和他一起玩游戏、一起讨论学习、一起去郊游、一起参加体育活动。因此，家长要教会孩子如何与人合作共事。

周华在读高中时非常喜欢运动，尤其是足球，他的内心一直崇拜那些足球明星。虽然周华才上高二，但球踢得相当好，所以成了校队的灵魂人物。在比赛中，他积极拼抢，使对方的队员十分头疼。

周华被包围在赞美中，这使他越来越骄傲，思想上常以自我为中心。于是，周华和其他队员之间产生了隔阂，经常会有一些摩擦。不久以后的一场比赛让他终生难忘，对他来说那是非常深刻的一课。

那是一场决赛，无论哪一支球队胜出，都将成为本市校队的第一。学校对此很重视，周华所在的球队要和另一个学校的球队展开决赛，争夺第一。

上场前，教练叮嘱周华要和其他队员配合，不要搞个人表演，周华痛快地答应了。比赛开始，周华仍像往常一样，全力拼抢投入比赛，在上半场快要结束时，凭个人突破为自己的球队攻入一球。整个看台都沸腾了，周华感到前所未有的激动，带着喜悦结束了上半场。

下半场开始了，对方虽然先失了球，但是并未自乱阵脚，而周华所在的球队因为先进一球而思想上有些放松。尤其是周华，因为他想现在已经是下半场了，他们完全可以凭借一球而锁定胜局。因此一种强烈的表演欲占据了他的大脑。

当周华接到队友的传球后，本来有很好的机会传给另一个队友，但是周华没有这样做，而是带球过人，想炫耀一下自己。他很轻松地过了一个人，正扬扬得意时，忽然上来三四个人把他围住，连起脚的机会都没有，还被对方打了一个反击，结果丢了一个球。

周华心里非常生气，心想凭他的能力怎么会丢球呢？于是又去拼抢，得到球后仍然不及时传给队友，而是一个人带球向对方的大门冲刺，结果又丢了一球。同时，也失去了给其他队员传球的机会。

反复几次都是这样，而此时的比分已是2∶1，他们落后一球。比赛快要结束了，他心里很着急，心想，如果再有一次拿到球的机会，他决不放过。

果然有一个很好的机会，队友打了一个长传，周华拿到球后，对方只有一名防守队员，而周华方又有一名队员跑到对方球门前接应，这么好的机会，只要他将球传给队友，就很可能将比分扳平。可是周华想自己破门，于是周华带球冲过那个防守队员，却被对手把球给断了下来。由于周华的失误对方又得了一分。那一刻周华怔在球场上，周围的声音都听不到了，他的心中只有孤独、失落和沮丧。

足球是一项讲究配合的集体运动，个人能力固然重要，但团队合作才是决定比赛结果的关键。上例中的周华在比赛中一心想着自己进球，没有合作精神，最终落得了失败的下场。

合作是孩子在未来适应社会、立足社会不可缺少的一种重要因素，学会合作对孩子的一生都有无穷益处。欧洲著名的心理分析家A.阿德勒认为：假使一个儿童未曾学会合作之道，他必定会走向孤僻之途，并产生牢固的自卑情绪，严重影响他一生的发展。所以父母要多引导孩子，帮助孩子树立合作意识。

1. 让孩子知道合作的重要性

让孩子认识到合作的重要性，有利于孩子养成一种协商合作的习惯。孩子不懂得与人合作，或许是他还没有意识到与人合作的重要性。所以，父母一定要让孩子明白一个道理：生活中有很多事情是无法凭借一个人的力量来完成的，父母可以借助一些故事或例子让孩子明白合作的重要性，也可以让孩子多玩一些合作性较强的体育活动和游戏，如足球、篮球、跳皮筋、跳绳等，既有团体之间的对抗与竞争，更有团队内部的合作，这些都非常有利于孩子合作能力和团队精神的培养。

2. 教给孩子合作的技能

孩子年龄小，缺乏社会交往经验，孩子往往不知如何去合作，这就需要家长教给孩子合作的技能，指导孩子怎样去合作。比如，父母可以引导孩子考虑小伙伴的建议和意见，观点不一致时，可以协商讨论；游戏时要遵守规则，违反规则是错误的行为等。帮助孩子学习如何通过礼貌和易于被接受的方式提出要求和说服小伙伴进行合作等。另外，通过故事和影视节目中的合作引导儿童的思路，也是很有帮助的做法。

3. 向孩子充分展示合作的成果

父母要充分肯定孩子们的每一次合作，哪怕是一点点成果，也要展示给孩子们，让他们体验合作的快乐和成功，激发孩子们还想合作的愿望，在父母的积极引导和充分肯定中，孩子的合作意识和能力才能得到有效的培养。

提升沟通能力，别让孩子输在表达上

　　沟通能力是现代社会中必不可少的一项能力，对孩子更是应从小着重培养的一项能力。在市场经济高速发展的现代社会，沟通的重要性正在不断加强。现代管理之父德鲁克曾说："一个人必须知道该说什么，一个人必须知道什么时候说，一个人必须知道对谁说，一个人必须知道怎么说。"美国石油大王洛克菲勒说："假如人际沟通能力也是同糖或咖啡一样商品的话，我愿意付出比太阳底下任何东西都珍贵的价格购买这种能力。"由此可见沟通的重要性。

　　现代社会是一个沟通的社会，而沟通的能力是一个人生活在社会中不可或缺的能力。从小培养孩子与人沟通的意识，增强孩子与人沟通的能力，对孩子性格的塑造、人格的培养乃至将来的发展都有着非常重要的作用。哈佛大学做了一项实验，从上小学开始跟踪观察小孩，发现从小沟通能力强的孩子，长大后成功的概率高出50%，所以积极培养孩子的沟通能力是十分有必要的。

　　但在有些家庭中，父母只关注孩子的学习成绩，孩子不懂得如何正确表达自己，不理解父母，同时孩子非常缺乏待人处世的能力，见人不会说话，师生、同学关系也常会出现问题，这样就影响了孩子学习效果与个性的发展，这也是近年来中小学生心理问题逐年增多的原因之一。

　　在现实生活中，我们常常看到这些情况：有的孩子在家里活泼好动、聪明伶俐，而一旦来到新的环境接触陌生人时，就会变得胆怯腼腆、呆板笨拙；有的孩子在学校里独自游戏、自言自语，显得很不合群；有的孩子则恰恰相反，与人交往处处逞强，横行霸道，显得盛气凌人；还有的孩子遇到熟人时，即使大人强迫其对人要有礼貌，他也缄口不语，设法躲避……这些情况的发生都是因为孩子缺乏与人沟通交流的能力。

沟通能力是现代人必备的素养，是孩子提高素质、开发潜力的主要途径，是孩子未来驾驭人生、改造生活、追求事业成功的重要基础。是否拥有良好的沟通能力，不仅影响到孩子的性格，更影响着孩子的一生。

著名的少年大学生魏永康，1983年出生在湖南省湘潭市。他很小的时候就表现出过人的天赋，2岁就掌握了1000多个字，小学只上了二年级和六年级，其余的都直接跳过了。1991年，8岁的魏永康跳级到了县属重点中学。13岁时，他以高分考进湘潭大学物理系，成为当地公认的"神童"。17岁时，魏永康又以优异的成绩考上了中国科学院高能物理研究所，取得了令人羡慕的硕博连读资格。

然而没想到的是，在读了三年研究生之后，在魏永康20岁的时候，他的父母突然接到学校的通知："魏永康同学因为不适应在校期间的学习，学校建议其退学。"

那么，这位天才少年的身上到底发生了什么事情？

原来，魏永康虽然有着超群的智力，但性格过于孤僻，只会看书算题，不懂得如何跟周围的人交流，对学校里发生的事情一概不知。有一次，系里临时通知更改一门英语课的考试时间，发出的通知贴在学校的布告栏上。以前系里有人专门通知魏永康教务上的事情，但是这次那个人有事出差了，于是他错过了考试。

不仅如此，魏永康平时总是一个人躲在宿舍里看书，不和舍友交流，也不和老师沟通。大家都不知道他心里想什么，而他自己也很压抑。他说："其实我也很想和别人沟通，但是我不知道怎么去做，我很孤独，可是没有人倾诉。"

魏永康上大学的四年，是由妈妈陪着读完的，什么事情都由母亲安排好，妈妈是他唯一的交往和倾诉对象。而考上研究生，独立生活之后，他不会和别人沟通和交往，也不会从交往中学到新的知识，毫无独立生活能力，最终不得不退学。

　　沟通决定着一个人人际关系的好坏，甚至影响着人一生的得失成败。如果孩子没有良好的沟通能力，人生将步步维艰，生活和事业的发展都会受到极大的限制。不会沟通的孩子不管是在以后的家庭生活、社会关系还是在职场人际关系中，都会面临极大的阻力和困难，甚至因为沟通不力而导致人生滑向失败的泥潭而无法自拔。

　　沟通能力对人的成长和发展是至关重要的，良好的沟通能力就是孩子一生最大的财富。孩子是否善于与人沟通，是家庭教育中社会化过程成功与否的重要标志，也是孩子未来是否能够把握机遇、收获幸福的关键。培养孩子与人沟通的能力，就等于帮助孩子搭起了融入社会、融入时代，从而步入人生、步入成功的桥梁。因此，父母在教育孩子的时候，一定要扭转观念，打造孩子良好的沟通能力，让孩子成为一个成熟而善于沟通的人。

　　1. 培养孩子的独立性

　　父母应注意训练孩子独立自主的能力，在日常生活中，对于一些力所能及的事情，父母应该积极鼓励孩子去做，如去书店买书、向警察问路等。当他开始与陌生人交流时，他的沟通能力也在不断提高。

　　父母应当明白，其实孩子缺少的就是这第一步。只要走出第一步，他就会感到与人交往并非那么痛苦。当这种经验越来越丰富，他自然就能和其他人谈笑风生。

　　2. 给孩子提供交往的机会

　　生活中，家长要鼓励孩子多参加集体活动。兴趣小组、公益活动、旅游、团体性的体育锻炼，都是促进孩子与别人沟通的好途径。家长也可以邀请一些孩子到自己家里来玩，家长还可以带孩子去有孩子的朋友、亲戚家串门。鼓励孩子学会与长辈熟人打招呼，得到别人的赞许和表扬，提高孩子与别人交往的能力。这样下去孩子的沟通能力一定会有很大的提高与发展。

3. 帮孩子建立自信

胆小害羞的孩子往往因为胆怯而不敢与人沟通，结果仅限于很小的朋友圈子，变得越来越孤僻、退缩。他们往往认为自己是不可爱的、不受欢迎的，别人不愿与之沟通的。如果他们形成了这样消极的自我概念，即对自我的一种稳定的认识，那他们在行动上就会有意无意地表现得让人很难接近、很难沟通。父母要鼓励这样的孩子多进行人际交往，增强他们与人交流沟通的自信心。当孩子认为自己是可爱的、被别人接受的时候，他们就会表现得自信，而自信的人往往是可爱的，人们愿意与之交流，而沟通的人越多就越会增强他们的自信，从而在别人面前就不那么胆怯退缩了。

4. 教孩子学会沟通的技能

生活中，家长要指导孩子学会一些沟通交往的技能和本领，如待人、接物、礼仪、谦让、谈吐、举止的规范；正确处理与伙伴间的关系，友好地与同伴交谈，用别人喜欢的名称招呼他人；赞扬他人要诚心诚意，批评他人时要与人为善等，让孩子认识到人与人之间是平等的，在交往中需要的是尊重和理解。

5. 重视亲子沟通

亲子沟通是孩子沟通的基础，主要是孩子与父母的沟通。要实现与孩子的良性沟通，关键在于父母。父母应该努力为孩子创造一种家庭沟通的氛围。比如，每天或每周规定与孩子交谈的时间，或在晚饭后的"小议"，或在周末的"相约"。注意寻找孩子感兴趣的话题，认真聆听孩子内心深处的声音。要真正走入孩子的心里，哪怕父母对孩子谈话的内容不感兴趣，也要认真听，让孩子感到自己受到了尊重。只有这样，孩子才愿意与父母沟通。孩子与父母建立了良好的沟通关系，可以为其上学后与老师和同学进行积极沟通打下基础。

第八章
不同挫折情境的应对：
教孩子应对
生活常见的挫折

对学习产生厌烦时，该如何应对？

厌学是指孩子在思想上对学习失去兴趣，产生厌倦情绪，并在行为上明显表现出逃学、弃学。近年来，孩子厌学的现象呈现增长的趋势。孩子厌学其实也是挫折教育缺失的一种表现。厌学与善学、乐学相克，厌学无疑会扼杀或阻碍孩子学习的热情与欲望，束缚和困扰孩子美好的心灵，对孩子的健康成长与发展都会造成严重的危害。

王霖是一名初一的学生，成绩很差，学习态度很不端正，经常在上课的时候无精打采，提不起学习兴趣，还常常旷课去网吧玩游戏，并且屡教不改，其他方面的表现也是非常糟糕，班主任常与其家长联系，甚至还请家长到校进行面谈，可王霖的表现并没有多大的改善。

从王霖的表现来看，实际上是厌学的一个典型案例。孩子一旦厌恶学习，那么要想让他们自觉主动地学习，便成为一句空话，他们会采用各种方法逃避学习，逃避父母和老师的监督，视学习和学校如洪水猛兽。这样即使你不断地命令他学习，他都不过是应付了事，更别指望他主动地去求知了。所以，厌学情绪是孩子学习的最大"克星"，也是造成孩子抗挫能力差的原因之一。

有关教育专家认为，孩子之所以产生厌学情绪，有以下几方面原因：

首先，父母对孩子过高的期望，是使他们产生厌学情绪的主要原因。比如，考试要考满分、比赛要拿第一等。要求过高的后果是容易使孩子产生害怕失败的心理，继而导致上进心丧失和学习动力缺乏，对学习产生抵触感，甚至会跟家长作对。

其次，孩子学习上的困难得不到及时有效的解决，也是产生厌学的另一个重要原因。部分孩子性格内向，遇到学习上的难题不愿向老师、同学请教，因而影响成绩。当成绩不理想时，孩子就对自己更没信心。父母如果不了解孩子的这些真实情况而一味责备孩子，孩子也会产生对学习的厌恶。

另外，孩子自身对学习缺乏正确的认识，缺乏求知欲，也是厌学的原因之一。如果一个人怀有强烈的求知欲，他就会常常处于精神振奋的状态，就会热爱学习，就不会把学习当作负担。

父母了解了孩子厌学的原因后，要"对症下药"，帮助孩子克服厌学情绪。在减轻孩子学习压力的同时，从各方面多关心孩子，这样就能逐渐培养孩子对学习的兴趣。

1. 不能采用暴力惩罚的方式

在孩子出现厌学现象的时候，父母应当去积极找出原因，而不能采用无意义的打骂作为教育的方式，这种暴力的方式不仅不能从根本上阻止孩子逃学，反而会让孩子在长期受到暴力影响的同时产生心理阴影，甚至会使孩子产生心理障碍，影响孩子的健康成长。

2. 减轻孩子的学习压力

现在的应试制度对孩子的压力是很大的。父母对孩子的要求应该适可而止，不要给孩子太多的压力。当学习成为一种压力，学习的效果和意义都会大打折扣。让孩子学得轻松、学得快乐，才能真正学到东西并乐于学习。

3. 激发孩子的学习兴趣

兴趣是最好的老师，因此，要不断激发孩子的学习兴趣。当发现孩子出现厌学情绪后，一定要帮助孩子使用不同的学习方式，如综合运用听、说、读、写等方式，避免孩子的学习时间过长导致心理上的厌烦情绪。

4. 帮孩子同老师和同学建立良好的关系

孩子十分看重自己在老师和同学心中的地位，这也直接影响到孩子对学习的态度。平时，家长要有意识地培养孩子与伙伴们交往的能力，多带孩子参加一些集体活动，并在与他人交往的过程中，告诉孩子一些与人交往的基本知识，以改进孩子心理上对集体生活的适应能力。

5. 鼓励孩子自我激励

如果孩子能够经常自我激励、自我鞭策，他便有可能避免学业失败。首先，父母要帮助孩子树立自我激励的目标。其次，父母要让孩子学会自我暗示，经常对自己说激励的话。最后，父母要让孩子在行动中摆脱消极的厌学情绪。

注意力分散时，该如何应对？

专注力是指人的心理活动指向和集中于某种事物的能力，也即注意力。

"注意"是一个古老而又永恒的话题。著名的俄国教育家乌申斯基曾说："'注意'是我们心灵的唯一门户，意识中的一切，必然都要经过它才能进来。"法国生物学家乔治·库维也曾说："天才就是不断的注意。" 一个专注的人往往能够把自己的时间、精力和智慧凝聚到所要做的事情上，从而最大限度地发挥积极性、主动性和创造性，努力实现自己的奋斗目标。

有关专家做过调查，人与人相比，聪明的程度相差不是很大，但如果专心的程度不同，取得的成绩却大不一样。凡是做事专心投入的人，往往成绩卓著，而时时分心的人终究得不到满意的结果。

有一位老师在讲台上谆谆勉励学生做事要专心，将来才会有成就。

为了具体说明专心的重要，老师叫一名学生上台，双手各持一支粉笔，命其在黑板上同时用右手画方、左手画圆，结果学生画得一团糟。

老师说："这两种图形都画得不像，那是因为分心的缘故。追逐两只兔子，不如追逐一只兔子。一个人同时有两个目标的话，到头来一事无成。"

这个小故事告诉我们，一个人的精力毕竟是有限的，不能一心二用。我们要想做好一件事情，就必须全身心地投入，绝不能心猿意马。正如作家西塞罗所说："任凭怎么脆弱的人，只要把全部的精力倾注在唯一的目的上，必能有所成就。"因此，专注力的培养，对于孩子来说是极其重要的，从小训练孩子的专注力可以让孩子养成集中注意力的习惯。

专注是一种巨大的力量，它在一个人追求成功的过程中，起着不可估量的作用。正如哈佛大学的第22任校长洛厄尔所说："想让一个人的大脑发挥最佳的状态，那么就让它不间断地处理一件事情，这样专注地去做、去想，最后必定会取得最好的成效。"成功没有捷径可走，成功来自于专注。人的精力总是有限的，成就卓越者可能一生要做很多事情，但在一段时间内，只有集中精力投入一个目标才容易成功。

有两个学生拜弈秋为师学习下棋。其中一个学生每次听课都全神贯注，一心一意地听弈秋讲解棋道；而另一个学生上课时总是心不在焉、三心二意，极易被外界事物扰乱了心神。一次上课时，有一群天鹅从他们头上飞过，那位专心的学生连头都没有抬一下，浑然不觉；而心不在焉的学生虽然看着好像也在那里听，但心里却想着拿了箭去射天鹅。若干年后，那位专心致志的学生成了一名出色的棋手，而另一位呢，却一事无成。

英国作家狄更斯曾经说："心志专一可以使任何一种学习取得成效，这种方法是唯一有效并经得起考验的方法。"对于任何人来说，有一个专注的心态很重要。一个人若能从小养成做事专注的习惯，将会给自己的人生奠定成功的基础。

专注来自于对目标的专一，目标专一才会集中精力、体力，才会越钻越深，从而聚集并放大了人的力量，推动人们不断走向成功。但专注力不是一下子迸发的，它通常是一种习惯、一种积累后的勃发。因此，家长要想孩子将来成功，就要从小注意培养孩子的专注力，让孩子做事有一种专注的精神，才能投入进去做得更好。

1. 了解不同年龄孩子专注的时间

心理学家研究表明，儿童专注力的稳定性是随着年龄的增长而延长的。一般来说，2岁～3岁时，专注的时间是10分钟～12分钟；5岁～6岁时，是12分钟～15分钟；7岁～10岁时，是20分钟；10岁～12岁时，为25分钟；到了12岁，就可以达到30分钟以上。所以，如果想让10岁的孩子60分钟坐在那里去专注地完成作业几乎是不可能的。很多时候，家长也不要总去抱怨孩子的注意力不集中，很可能他的集中时间已经过去了。我们需要根据这个数据来具体情况具体分析，帮助孩子在他能够集中的时间段内，将时间合理利用起来。

2. 为孩子创造一个安静的环境

在孩子玩耍或者是做功课的时候要为孩子创造一个安静的环境，不能在孩子专注的时候有人在旁边吵闹，如看电视、说话等，这样会影响孩子的注意力，使孩子无法认真地做事，时间长了就会使孩子做事没有专注力。

3. 结合孩子的兴趣培养专注力

兴趣是最好的老师，不管谁在做自己感兴趣的事情时，总会很投入、很专心，孩子也是如此。孩子对事物的兴趣越浓，其稳定、集中的注意力越容易形成。生活中我们会发现，小孩子在做某些事情时总是心不在焉，而在做另一些事情时却能全神贯注、专心致志。因此，父母可以利用孩子的兴趣和爱好，培养孩子的专注能力。

4. 让孩子多做些集中注意力的训练

给大家介绍一种在心理学中用来锻炼注意力的小游戏。在一张有25个小方格的表中，将1~25的数字打乱顺序填写在里面，然后以最快的速度从1数到25，要边读边指出，同时计时。

研究表明：7~8岁儿童按顺序找到每张图表上的数字的时间是30~50秒；正常成年人看一张图表的时间是25~30秒，有些人可以缩短到十几秒。父母可以让孩子多制作几张这样的训练表，每天训练一遍，相信孩子的注意力水平一定会逐步提高。

考试前焦虑，该如何应对？

考试既是一场智能的竞赛，同时也是一种心理素质的较量。据心理学家测试，75%的孩子临考前都有紧张、焦虑、恐慌等情绪。面对考试，孩子的精神压力、心理负担很重，因此容易出现考试焦虑症状。如：一进考场便心跳加快、头脑晕乎乎的；面对试卷，脑海中一片空白；一走出考场，又感到题都会解，但一切已追悔莫及。考试结果也说明，许多孩子没有取得好成绩，并不全是因为考题太难，而是因为思想过于紧张，从而导致记忆混乱、思维阻滞而发生失误。可见考试不只是对孩子基础知识和基本技能的考验，更是对孩子有无良好心理素质的考验。

小丽是某重点中学初二的学生。平时学习刻苦努力，学习成绩一直很好，但心理压力十分沉重，正如她自己述说的："进入这所重点中学，情况发生了变化，学校的要求高了，家庭的希望大了，心里不知不觉就变得沉甸甸的，我对此感受很深。我从进校门的第一天，学习就相当刻苦，我几乎把所有的时间和精力全部用在了文化学习上。有一分耕耘就有一分收获，我的文化学习取得了较好的成绩。与此同时，也给自己带来了超负荷的心理压力，我怕看到老师和家长期待的目光，一遇到考试就十分紧张，唯恐出现失误，对不起学校和老师，对不起父母，对不起自己的努力。考试的分数像一块巨石压在我的心上，久久不能搬去。无疑对我的学习和健康都产生了不利的影响，我有时也知道这样不好，但是不能自拔。"

从以上案例中小丽的表现来看，可以断定她患上了"考试焦虑症"。

考试焦虑是一种复杂的情绪现象，孩子在考试期间心理上的焦虑、不安、紧张、恐惧等在情绪上的反应都可以称为考试焦虑。它可分为两大类：一类是指在考试之前的一段时期内持续存在的焦虑；另一类是指在考试过程中产生的焦虑，如"怯场""晕场"等。

从心理学的角度来看，考试焦虑的成因主要与个人的认识、心理承受能力和心理健康程度有关。通常来说，一些孩子在考试前担心自己考不好，觉得会被父母责骂，同时在学校里也抬不起头，这种想法可谓是造成孩子心理负担的主要原因。

其实，孩子因考试而产生的紧张、不安、焦虑、恐惧等心理是一种常见的心理现象，也可以说是正常心理反应。问题在于有的孩子能够进行自我心理调适，使之成为学习的动力，从而在考试中正常发挥自己的水平；而有的孩子由于意识不到自己的不良心理状态，对考试焦虑缺乏有效的调节，导致考试成绩不理想。为了有效解决考试焦虑，家长应结合孩子的个人特点，以及在考试前的具体焦虑状态，从心理学的角度出发，帮助孩子有效解决考试焦虑的心理，给孩子以有力的支持和辅导。

1. 让孩子端正对考试的态度

家长要让孩子明白考试是一次再学习的机会，是巩固和加深理解已学知识的途径。考试并不是在衡量一个人聪不聪明，也不是一次考试就定终身，它只是告诉你最近所学的知识当中，你哪些掌握得不够、哪些则不错。所以不要把考试看得过于严重，也不要毫不重视。

家长要帮助孩子认清自己的能力，从实际出发，制定适当的目标。

2. 不要对孩子要求太高

现在的孩子大多都是独生子女，担负着好几代人的希望。家长也难免会对孩子提出这样那样的要求，而一旦要求失当，就会对孩子产生不良影响。所以，家长要注意给孩子提出的要求要顺应孩子的生理和心理特性，同时要尊重孩子，不要苛求。当孩子未达到要求时，更不要冷漠对待，甚至嘲讽挖苦，这样会使孩子感到压抑，或出于逆反心理而对抗，从而加重焦虑状态。

3. 帮孩子建立自信心

自信是治愈考试焦虑症的必要前提，因为有焦虑情绪的孩子对自己应对考试、适应压力环境的能力往往持怀疑态度，对自己获得成功缺乏信心。所以，家长要首先帮孩子建立自信，相信自己的实力。每增加一分自信，就可使焦虑程度降低一分。

4. 多给孩子一些鼓励

大多数家长平时不注意孩子的考场心理问题，不关心孩子的心理变化，更多的是注意孩子的考试分数，但是这会给孩子造成极大的心理负担和压力，制造紧张的气氛，影响孩子的情绪。所以做家长的应避免给孩子带来一些负面的影响，在考试的时候多给孩子一些鼓励。

5. 为孩子营造一个宽松的环境

要防止孩子的考试焦虑现象，作为父母，应尽量给孩子一个宽松的环境，切不可动辄就施高压、搞处罚。父母有责任和义务提高自己对孩子的管理、教育能力，及时发现和解决孩子产生的问题。平时，每天要尽量抽出几分钟时间与孩子交心，拉近父母与孩子的距离，增进彼此之间的感情。要把孩子培养成自信、豁达、活泼、开朗的人，那么家庭环境一定要整洁、舒适、有条理；家庭成员之间要和睦、民主，营造一个良好的生活环境和家庭氛围，这是让孩子远离焦虑、实现健康成长的一个重要条件。

有网瘾时，该如何应对？

网络是时代发展的必然产物，随着信息时代的到来，互联网已渗透到人们生活的每一个角落，在人们能够想象的领域中，它几乎无所不在。通过它，人们可以和朋友保持联系、浏览信息、听音乐、结识新朋友等。网络改变了人们的生活，这是不容争辩的事实。同样，网络生活也成为孩子生活的一部分。可是，在它给人们带来极大便利的同时，却出现了新问题——网络成瘾。

据中国青少年网络协会提供的数据，目前，城市上网小学生比例为25.8%，初中生为30%，高中生为56%。据统计，患网络成瘾的青少年网民高达10%~15%，网络这把"双刃剑"正在无情地吞噬着青少年的身心健康，他们由于特殊的人格特征和心理需求，从而成为网络成瘾的高发人群，越来越多的青少年对互联网产生依赖感，并达到成瘾的程度。网瘾像酗酒、吸毒和赌博等不良嗜好一样，对人们的工作、学习和生活产生破坏性影响，从而影响正常的社会生活功能。

一位母亲这样痛苦地诉说道：我儿子今年16岁，正在读寄宿高中。他现在整天不上课，不是上网吧就是在宿舍里睡觉，父母、老师的话都听不进去，上个学期考试好几门不及格。除了上网玩游戏外他什么爱好也没有，我曾试着带他一起锻炼、郊游、摄影、逛书店，但他哪儿也不去，周末回家后就是睡觉。

原来他不是这样的孩子，在初二上学期之前，性格很活泼，但初二下学期突然回家不爱说话了，迷上了网游。一放学就自己待在屋里，不管什么时候都要关上门，作业也不做。原来我们以为是青春期的表现，但已经三四年了，仍不见好转。我很困惑，不知道怎样才能改变他。我也曾试着和他在网上聊天，但效果不甚理想。我该怎么办呢？

孩子的自制力一般比较差，经常玩着玩着就上了瘾，一旦形成对网络的心理依赖，就会对别的事物失去兴趣，社交圈缩小，沉溺在虚幻世界中不能自拔。这不仅会使孩子正常的学习和生活秩序受到干扰和破坏，而且严重影响他们的健康成长。

上网成瘾的主要原因：一是好奇心。青少年有一种天然、自发的积极探索外部世界的心理倾向，网络游戏吸引、诱惑了一些人的好奇心，使其一发不可收拾，沉迷其中不可自拔。二是心理不成熟、学习压力和人际关系等原因，导致青少年处于一种心理的苦恼期，上网聊天、交友、"网恋"，成为得以宣泄和求得理解的方式。三是个体性格缺陷和一些不恰当的家庭教育方式。比如，缺乏自信、敏感内向、家长溺爱或者忽视、强迫孩子，都会使孩子容易受到网络的诱惑。四是青少年的心理自控能力差，一旦上网成瘾，则很难戒掉。

网瘾是一种比较强烈的习惯，是一种认识问题。在了解了孩子的网瘾成因后，要解决孩子的网瘾问题的根本途径就是：家庭亲情＋素质教育。走进孩子内心，做好与孩子的心灵沟通是真正的科学戒网瘾办法。

刘先生的儿子曾非常出色，学习成绩好，同学佩服，老师喜欢，家长也为他骄傲。但上高二时迷上了网络游戏，成绩下降，刘先生非常着急，眼见劝说无效，便动手打了孩子，引起孩子更大的抵触，刘先生深感苦恼。为寻找解决问题的方法，刘先生去图书馆查阅有关家庭教育和青春期孩子心理方面的资料，感到很有收获。他反省自己，儿子进入青春期后与家长交流少了，自己除了关注儿子的学习成绩，保证他吃饱穿暖外，其他方面很少关心。从这以后，刘先生每天尽量早点回家和儿子谈心，每个星期还和儿子定期地出去做一些体育运动。随着关心和交流的增多，儿子的上网时间逐渐减少。这样坚持了一年，孩子的学习成绩稳定了，各方面情况正常，虽然还玩电脑，但不耽误正事。暑假期间，姥姥生病他去照顾了一周，没有摸电脑，姥姥夸他很会照顾人。刘先生感觉到很欣慰。

面对沉迷网络的孩子，家长需要做的是，花更多时间关心孩子。想把孩子从网络中拉出来，家长必须从关心孩子的现实生活开始，多关注孩子的情感需求，多关注孩子的心理变化，多帮助孩子解决学习和生活中的困难，多给孩子一些鼓励，多让孩子体验成功。孩子在现实生活中的满足感和快乐感增加了，就不会老沉迷于网络而不愿自拔了。

为帮孩子摆脱来自上网的诱惑，克服迷恋网络的坏习惯，并且指导孩子正确地使用网络，家长可以试着从以下几个方面着手：

1. 父母要加强网络知识学习

作为父母，首先要自己积极学习相关的网络知识，要了解网络上所面临的负面影响和潜在的风险，只有家长们自己掌握了网络才能更科学地去影响孩子们正确地面对网络，在孩子出现问题时才能更好地去帮助他们。

2. 培养孩子的自制力

孩子的自制力一般都很差，看电视、打游戏时没有节制，如果家长只是劝说他停止或强行终止他的行为，只会让孩子难以接受或产生抵触情绪和逆反心理。如果引导他自己规定玩游戏或看电视的时间，给孩子一个缓冲，让孩子在心理上有个预备期，可以帮助孩子慢慢地形成自我节制的意识。

3. 合理规划孩子的上网时间

尽量让孩子在家里上网并控制好上网时间，最好平时用较少的时间使用网络，在节假日可集中使用。平时每天上网最好不超过一节课的时间，周末、节假日每天最好也不要超过2小时，还要注意每隔40分钟左右要停下来到户外活动活动。

4. 丰富孩子的课外生活

有些孩子过度痴迷于网络游戏，是由于其生活太贫乏无味，因此，一定要丰富孩子的课外生活，避免虚拟时空诱惑。例如，带孩子去旅游或郊游，参观博物馆、画展、摄影展，给孩子创造人际交往的机会，等等，让孩子逐步把精力转移到其他方面上，从而淡化对网上虚拟世界的渴望，回到现实生活中来，做自己该做的事。

5. 父母的榜样作用

对于孩子来说，父母的一举一动对他们来说是影响很大的。现在很多孩子都有一定的网络成瘾，这多是因为他们父母的生活娱乐也离不开网络。试问如果一个孩子的父母双方都是整天在那里抱着手机（或者电脑）玩游戏或者做其他事情，那么在孩子的眼里也会那样地效仿，因为他们也会好奇父母为什么整天接触这些。因此，为了孩子，父母必须要有所节制，必须自己先从网络中脱离出来。

早恋时，该如何应对？

早恋现象是青春期孩子中普遍存在的一种现象，是一种很正常的情感体验。首先我们要肯定地说早恋现象是很正常的，不是可耻的行为。青春期随着第二性征的出现和成熟，异性之间相互倾慕是人生阶段很正常的情感寻求和情感体验，也不是什么见不得人的事。

著名诗人歌德曾说："哪个少男不钟情，哪个少女不怀春。"调查发现，42%的少年都有过"早恋"经历，从小学五年级到高中二年级都会出现不同的"早恋"现象。小学时期的"早恋"，只是对某个同学有好感。到了初中，少男和少女正值青春期前后，一旦相互吸引，就容易出现"早恋"。高中时期，早恋也会带有一定的情感意识。

其实，孩子的"早恋"并非恋爱，所谓的"早恋"也有很大的随意性、盲目性、盲从性甚至是攀比性，只是一种青春萌动、躁动的外在现象。但是，早恋在一定程度上也会影响孩子的学习和成长，使孩子出现冲动、情绪不稳定、心绪不宁、自控能力下降等现象。很多家长对这个问题都十分关注，当发现孩子早恋之后，家长们往往如临大敌，对孩子诸多限制，却往往适得其反，导致孩子更加逆反。

常远刚上初中一年级。有一次，妈妈在洗他的衣服时，发现口袋里有张字条，上面写着"我爱你"，以及几点在什么地方约会之类的话。妈妈立即意识到是有小女生向儿子示爱，由于怕影响孩子学习，急了，气得劈头盖脸地数落起儿子，然后又贬低那女孩。可常远非但一句也听不进，反而很坚决地示威："我就是喜欢她，怎么样？"母子关系一度陷入僵持状态，妈妈十分苦恼。

每一个"早恋"的孩子都不希望父母粗暴干涉自己纯真、朦胧的感情。所以当家长面对子女早恋时，不要用自己的思维方式来要求孩子，把双向沟通变为父母单向的训斥、辱骂，甚至殴打，这种简单粗暴的施教方法只会使子女产生逆反心理。在很多情况下，更会把少男少女的纯情逼上绝路。

青春期的孩子喜欢接近异性，多数人是一种对异性的好奇、向往和倾慕，甚至"早恋"也只是一种自然朦胧的爱，是真实感情的体现。但是他们不稳定、不成熟，受感情纠缠多，分散精力和影响学业。因此我们既要保护他们对异性的纯真感情，又要对他们的行为进行耐心的说服教育，反对采取粗暴态度去狠批和硬拆。

李伟是一个初中二年级的男孩。下学期将面临会考，妈妈知道现在的孩子学习压力非常大，因此在平时就非常关注李伟的情感需求，经常和他谈心。母子两人无话不谈，就像一对好朋友。

一天晚上，妈妈见李伟说话犹犹豫豫、吞吞吐吐，知道他有话想对自己说，可是又有些顾虑。于是，妈妈轻轻地抚摸着李伟的头，温和地对他说："儿子，你是不是有什么话要对妈妈说呀？"

李伟从书包里拿出一张小字条，边递给妈妈边说："妈妈你看，今天我们班有个女同学给我写了一张小字条，我不知道该怎么办。"

妈妈感到非常诧异：这么小的孩子难道也学会了谈情说爱？现在的女孩子真是够开放的，都主动给男生递字条了。不过，妈妈打开小字条后，感到非常好笑，小字条上只有一句话：我喜欢你，明天放学后在操场上等我。

这下妈妈放心了，她平静地对李伟说，以前自己上中学的时候也有男生给自己写过小字条，不过她从没有理会过，只是一门心思地学习，结果他们两人的成绩并未受到影响，后来他们都考上了理想的大学。

妈妈还告诉李伟："男孩女孩之间相互吸引是正常的，但不要把这种感情放在心上，要把它当作一种正常的友谊来看待，时间长了这种感情就淡化了。"

听了妈妈的话，李伟明白自己该怎么做了。他让同学把小字条还给了那个女生，并告诉对方现在主要精力应该放在学习上。李伟仍像以前那样专心致志地学习，成绩并没有受到不良影响。

事实证明，如果家长们能够像上例中李伟的妈妈那样，在平时就多关心孩子的情感生活，经常和孩子聊天谈心，是可以预防孩子"早恋"行为的。

早恋是每个孩子都可能面临的问题，家长不要把它当作洪水猛兽，而应该以理性的态度去面对，以平常心处之，耐心倾听孩子的心声，真诚交流所思所想，悉心指导孩子的行为，切忌态度简单粗暴。家长要尊重孩子的人格和自尊，寻找早恋发生的原因，对症下药，耐心疏导，让孩子在早恋的经历中慢慢成熟起来。多给孩子以一份关心，鼓励他们将眼光放远，从而走出早恋的迷雾。

1. 多和孩子沟通交流

对于孩子早恋的问题，父母可以找一个合适的时间、地点与孩子进行沟通。把青春期的性征、必要的性知识和对异性的好感等相关知识与孩子进行沟通，同时告诉他们人的一生有几个阶段，最聪明的人就知道什么时候该做什么事情，什么事情是最主要的、次要的和不必去做的。作为一个学生，当前只有学业最为重要，因为一个知识不充分的人是没办法实现自己的理想的，也是不会完全受人尊重的。告诉孩子做父母的并不反对他们恋爱，但反对他们的时间选择不对，必须提醒他们什么时候该做什么，否则就是父母的失职。

2. 转移孩子的注意力

孩子陷入情感旋涡，最需要的是父母帮他们进行情感转移。父母要积极引导孩子转移注意力，升华情感，想方设法将孩子的注意力从"恋情"转移到学习、生活上，将被压抑的激情转移到集体活动中，使他们的情感在活动中得到升华，渐渐走出朦胧的情感世界。

3. 以平等的地位与孩子谈心

当孩子早恋时，父母有责任指导孩子处理情感问题。但指导孩子时，父母不要把自己置于教育者的地位，而应以朋友的身份、平等的地位与孩子谈心，帮助孩子处理情感波动的问题，以培养孩子自觉地去约束自己的行动和生活的能力。

4. 在生活和情感上给予孩子关心

被爱是人的本能需要，在爱的荒原上的孩子最容易步入早恋的歧途。预防早恋的前提是家长放一放身边的工作，多陪陪自己的孩子，陪孩子一起成长。当孩子把家长当作自己的朋友，什么心里话都愿意和你交流时；当家长成为孩子亲密的朋友，成为他们信赖的人，能理智地帮助他们分析利弊时，早恋的害处就不会很严重了。

盲目追星，该如何应对？

每个孩子在年少的时候，都有过追星的经历。据相关调查显示，青少年中普遍存在"偶像崇拜"现象，其中，有50%的人承认有过特别喜欢、崇拜某个"明星"的经历，有34.5%的人承认自己正在崇拜某个"明星"。可见，追星是孩子成长历程中的一种普遍现象。

从成长心理学的角度来分析，少年时期崇拜偶像和明星是特定年龄段的正常现象。这个时期的孩子们正好处在自我发现、自我确立的时期，需要一个榜样来参照。偶像作为一个理想的参照体，当孩子自己的很多想法都没法实现的时候，偶像就会作为力量来弥补孩子心理的平衡。所以，追星对孩子来说是一种正常的心理需求和行为表现。

然而，由于青少年还没有完全形成个人的主见，很容易人云亦云，随波逐流，而且情感不稳定，容易冲动。因此，不少青少年的偶像崇拜容易陷入盲从与狂热，从而带来不利的影响。有些人把自己大量的时间、精力和情感，投入到追星活动中，荒废了学习和青春，迷失了自我。

兰州女子杨丽娟十几岁时开始迷上刘德华，毅然辍学，不读书、不工作，终日只想与刘德华见面，其父母为协助她圆梦，不惜花尽家中积蓄，变卖寓所，甚至老父亲杨勤冀要卖肾为女儿筹措见偶像费用，但始终无法如愿。她的疯狂行径受到内地报纸及电视台大肆报道，刘德华通过经理人回应称，如歌迷用不正常、不健康的方法要与他见面，他决不理会，并称最憎恶不孝的歌迷，家长也不应纵容孩子的过火行为。

后来，杨丽娟因不甘于被刘德华误会她不忠不孝，为要亲自向刘德华说清楚，其父亲杨勤冀借了11300元的高利贷，一家三口由兰州第三次踏足香港。但由于明星刘德华未能满足作为其超级粉丝的女儿私下见面合影的要求，一气之下投海自尽，并留下遗书希望刘德华能再见女儿一面。

这就是盲目崇拜偶像所致的后果。"偶像崇拜"是青少年成长中的普遍现象，本无可厚非。但这种现象演变为疯狂而热烈地"追星"，则可能毁掉人的一生。

我们知道，盲目和疯狂的追星会影响孩子的学习和正常的生活，但如果家长对于孩子追星一味地反对，甚至于态度粗暴，则是不可取的，因为青春期的孩子内心存有叛逆心理，一味压制他们所钟爱的行为有可能会起反作用。作为家长，要学会尊重孩子，理解并坦然接受孩子对明星的崇拜，对孩子的崇拜心理和行为科学地干预和适当地介入。若能恰当地因势利导，则可变阻力为动力。

下面这位母亲的做法非常值得大家学习。

我的女儿是一名小"追星族"，她的偶像是周杰伦，家里堆满了周杰伦的海报、碟片。对于她追星之事，起初我心里也曾非常着急：不顺着她吧，怕引发她的逆反心理；顺了她吧，又担心她长此以往荒废学业、迷失自我。后来，我偶然从大禹治水的故事中得到启发：大禹治水，疏而不堵。何不在女儿追星的过程中，加以正确引导？只要有了适时引导，相信她不会沉湎其中不能自拔。想要引导，就必须比她更清楚明星，进而从中寻找契机。所以，从那一刻起，我作了一个疯狂的决定：陪女儿一起追星。

女儿有她的一套"装备"：海报、口袋书、明星纸贴……我有我的秘密武器：及时、同步从网上搜索下载周杰伦的资料，包括身高、体重、生日、喜好等，一应俱全。偶尔还会跟女儿就某条信息的出入争得面红耳赤。其实，与她争执只是想让她知道，追星是件非常普通的事情，并不代表青春与时尚，你看，妈妈也会，从而淡化"追星族"在她心目中的优越感和影响力。

有一次，和女儿谈到周杰伦，我跟她说："你看人家周杰伦，不仅人长得帅，会唱歌、谱曲、演戏，还会弹钢琴。长得帅、会唱歌是先天条件好，你也具备。但谱曲、弹钢琴都是需要后天努力才能够达到的。什么时候妈妈也给你报个声乐、器乐班去培养一下？"女儿想了想，爽快地同意了。我偷笑不止，要知道，以前也曾说要送她去培训班，她把头摇得跟拨浪鼓似的。

渐渐地，我和女儿成了无话不谈的好朋友，谈论的话题从周杰伦开始，逐渐延伸到她成长中的很多方面，我们谈到了理想、未来这些以前从未谈过的话题，我对女儿多了很多了解，女儿对我也多了很多理解。

这位母亲很了不起，她尊重孩子、理解孩子，在和孩子共同了解偶像的过程中，挖掘偶像的榜样作用，让偶像的力量激励孩子成长进步。

其实，追星也不是完全不好，青少年之所以把明星设为偶像，是明星们身上有孩子值得借鉴的方面，如果将他们身上一些值得学习的品质用在学习上，这也未尝不是一件好事。所以说，追星有利有弊，关键看父母怎样引导孩子。

1. 转移孩子的注意力

孩子的精力是有限的，追星也与其过分在某个明星身上集中精力有关。家长可以转移孩子的注意力，发展孩子多方面的兴趣，引导孩子积极参加各种社会公益活动和体育锻炼（如爬山、打球、长跑、游泳、参加绘画和唱歌比赛等)。这些健康的、有益的活动，可以丰富孩子的生活，开阔孩子的视野，使孩子获得成就感、满足感，了解自己存在的价值，从而积极地、勇敢地、乐观地面对生活，减少追星的时间和淡化对偶像的情感。

2. 帮助孩子把偶像变成榜样

事实上，能够作为偶像被大家崇拜的人一般在人格魅力、气质才华、个人成就、社会贡献等方面都是已达到一定的高度的。孩子们认同、模仿、学习他们，以之为榜样和动力，肯定是有好处的。父母要告诉孩子：追星不只是把注意力放在明星的相貌、嗓音等一些浅层次的东西，而是要研究他们为什么会唱得好？为什么跳得好？他们是如何从一个普通人变成万人瞩目的明星的？他们在人后付出了哪些令人心酸的东西？他们在变成明星的时候，有没有为自己的梦想动摇过？当动摇的时候，他们是如何努力克服的？教育孩子不仅要羡慕明星今日的光彩，更要学习明星昨日的努力与拼搏，在崇拜中激励自己，以实际行动向名人、明星学习，勉励自己学习偶像、赶超偶像。

产生社交恐惧时，该如何应对？

生活中，有些孩子性格内向孤僻，在与人交往时会产生恐惧心理，因而回避与他人交往，这对孩子的身心发展是极为不利的，发展下去不仅会导致孩子严重的心理障碍，更主要的是未来将无法在社会中生存。

曾有一位家长抱怨说：我的女儿平常在家时行为举止正常，只是一见陌生人就胆怯退缩，不敢说话，躲在角落里。在学校里，她从来不主动与同学说话，也不与同学玩。上课不敢举手发言，老师叫她回答问题时，说话声音像蚊子一样，下课从不出教室，一个人缩在角落里不敢动。近来，女儿因其他原因受到了老师的批评，这本来是很平常的事，但她很不情愿到校上学，学习成绩也在不断下降。我真不知该如何才好。

在成长过程中，孩子渴望得到友谊，在心理上希望能广交朋友。但是有些孩子在实际交往时就出现了不敢见生人、和别人交谈时面红耳赤等不良的恐惧反应，神经系统处于紧张的状态，这就是孩子的社交恐惧。

孩子在社交时出现的恐惧心理有自闭、恐惧、焦虑等综合心理障碍。导致这几种情况发生的原因主要是：如今独生子女在孩子中的比例越来越大，他们没有兄弟姐妹可以交流，大多数时间是在单元房里孤独地面对电视机、电脑、游戏机，与同伴交流合作的机会非常少，孩子们缺少了室外活动和社会交往的机会，天真活泼的童心受到了抑制，形成了"自我中心""自私""孤僻"的性格特征。这极大地影响了孩子今后的发展。

人无法离群索居。每个人每天都需要从他人那里获得信息，学习他人的经验和智能，以及沟通协调，合作完成工作，所以培养孩子的人际交往能力是十分必要的。

良好的交往能力是建立良好人际关系的基础和前提，它有利于人心理的健康发展，有利于人的自我意识的发展与完善，有利于人克服困难、促进事业的成功，并实现人生价值。

一位母亲曾经这样谈到自己的育女经验：

我女儿今年14岁，是一个社交能力非常强的女孩。从小学到初中二年级，她一直担任班长的职务，并且把班里管得井井有条。女儿现在所在的班级是一个有名的"刺头班"，有几个调皮的男生连老师都管不了，但他们却听从女儿的安排。女儿能够体现出这样高的社交能力，我想和我一直以来对她的引导是分不开的。

其实，从女儿很小的时候我就经常带着她参加一些社交活动，而且让她自由地和同龄的孩子相处。例如，我会经常带她参加音乐会、画展以及朋友间的聚会，让她熟悉各种场合的社交礼仪以及交往方式。周末闲暇时候，我也会带她到超市、邮局、商场去逛逛，让她接触一下不同的人群。每到女儿生日的时候，我还会帮助女儿策划一个生日会，让她当生日会的主人，以谦让有礼的态度去接待客人。等到女儿上了中学之后，我时常鼓励她参加或者自己组织一些集体活动。通过这一系列有意识的培养，女儿的社交能力比同龄的孩子要强很多，甚至比很多男生都要强。

交往是让孩子适应社会、进入社会的一个重要途径。孩子只有在与同伴、成人的友好交往过程中，才能尽早学会在平等的基础上协调各种关系，正确地认识和评价自己，形成积极向上的情感。

交往能力强，对孩子来说有百利而无一害。善于与他人交往的孩子在学校不仅能够从容地与同龄人交往，而且能够从容地与老师等成人交往。而孩子是否善于同别人打交道，在人群中人缘如何，对他以后的学习和人生的发展有很大的影响。因此，父母要从小重视培养孩子与人交往的能力。

一位成功学专家说：所有成功的人之所以成功，是因为他的人际关系非常好。从小培养孩子的人际交往能力，这是值得家长重视的一个带有普遍性的问题。一个活泼开朗、乐于与人交往的孩子多是容易受到同伴的欢迎和成人的喜爱，而且容易适应新环境。

随着社会的发展，人际交往的功能越发显得重要，父母必须重视对孩子交往能力的培养，使孩子更好地适应社会的发展。如何让孩子学会与人相处、与人交往，孩子生存能力得到培养，这是父母很重要的一课。

1. 为孩子创造良好的家庭环境

良好的家庭氛围主要表现为全家人的和睦相处，家长疼爱子女，儿女孝敬父母，彼此关心照顾，共同生活，这样的家庭环境对孩子有一种凝聚力，孩子在这种气氛中，潜移默化地学会与人融洽相处之道，其人格也会不断完善。

2. 鼓励孩子多接触社会

家长应该清楚地意识到，随着孩子的成长，他与外界的接触会越来越多；孩子是社会中的人，只有在与人不断交往、不断适应社会的过程中，才能不断成熟。父母把自己的观念强加在孩子身上，总把孩子收在自己的"羽翼"之下，孩子会对社会产生惧怕心理，无力承受外界的压力，极易形成自闭倾向。家长应鼓励孩子多接触社会，孩子在接触社会过程中，会遇到在家里根本没有想到过的事情，通过对这些事情的解决，不断总结经验教训，使自己逐渐从稚嫩走向成熟。

3. 鼓励孩子多交朋友

孩子正处于学习知识、了解社会、探索人生和事业的发展时期，与同龄伙伴交往并建立友谊是正常的心理需要。如果孩子过于封闭自己，不爱与人交往，在同学中人缘不好，都会影响到孩子的交往能力，使孩子无法适应复杂多变的社会，甚至变得害怕与人往来，变得孤独冷漠。父母有责任指导孩子获得更多的朋友，结下更融洽的人缘。

4. 有意识地教给孩子一些社交技能

乔治·华盛顿大学的心理学家莱金·菲利普斯认为，许多孩子不能与他人正常交往的原因，是因为他们没有学会基本的人际交往技能，从而也不能以正常的方式和别人交往。所以，为了提高孩子的交往能力，家长要指导孩子学会沟通交往的技能和本领，如待人、接物、礼仪、谦让、谈吐、举止的规范；正确处理与伙伴间的关系，友好地与同伴交谈，用别人喜欢的名称招呼他人；赞扬他人要诚心诚意，批评他人时要与人为善；体察别人的情感，了解别人的需求；学会当接受别人给予时，要考虑别人的奉献，追求自己需要时，想想别人的利益；引导孩子严于律己、宽以待人，不要斤斤计较，不要心胸狭隘；等等，让孩子学会交往的技能。

5. 教孩子正确看待交往中的挫折

孩子在交往中遇到挫折是难免的，由于孩子的性格不同，对挫折做出的反应也不一样。有的孩子生性敏感，自尊心强，当他们遭到别人的拒绝时会很伤心，从而对与他人交往产生一种恐惧，逐渐变得退缩。家长应注意孩子情绪的变化，经常同孩子沟通，了解孩子与朋友交往的情况。当出现问题时，采取合理有效的方式帮助孩子解决，从而使孩子积极地与他人进行交往。

做事拖拉、磨蹭时，该如何应对？

磨蹭，是当前孩子成长中比较普遍存在的问题，也是让众多父母头疼的问题。每位家长都知道磨蹭是个坏毛病，是孩子成长中的致命问题，但因为解决方法不当或不了解孩子的心理，结果经常适得其反，严重的还会造成亲子关系紧张。

陈凯是个让人心急的"小磨蹭"，做起事来总是慢吞吞的。不论吃饭、穿衣、洗碗，还是画画儿、写字、做游戏，他都是边玩儿边干，磨磨蹭蹭。让他自己洗一次脸得用半个小时。每当需要为某些事做准备时，如上学、洗澡、去亲戚家，如果妈妈不催他，不冲他大叫"现在，现在就做！"他是绝不会准备好的。妈妈也曾试了好多方法，但效果都不理想。

生活中，相信很多父母都遇到过这样的情形：孩子起床后还磨磨蹭蹭，没有时间观念，父母在一边干着急，孩子却无动于衷、我行我素。遇到这种情况，有的父母干脆代劳，替孩子完成分内的事情，性子急的父母就强行执行自己的意志，甚至和孩子产生冲突。久而久之，这种做法就容易造成孩子的被动型人格，影响孩子心理的健康发展。

磨蹭、拖延对孩子的危害很大，它会消磨孩子的意志和进取心，让孩子变得懒惰、颓废、得过且过，这样就容易导致失败，而这个失败的结果又会使孩子情绪消极，容易出现心身疾病，从而更加不想立即行动。在这样的恶性循环中，成功也会远离孩子。

王先生夫妇常因儿子拖延时间而难以准时赴宴，而且常弄到困窘不堪的地步，即使他们经常运用呼喊、说教、威胁利诱等方式，却屡不奏效，且每况愈下。当然，他们也尝试让儿子提前准备，但儿子却边玩边穿衣服，即使穿衣服也都是东挑西拣的，由于他们不了解儿子的行为目的，因此困境一直未见起色。对此，王先生夫妇对如何使儿子克服磨蹭、拖延的毛病，一直束手无策。

孩子做事拖拉，多源于家庭教育环境的影响和良好教育方式的缺失。对于做事拖拉的孩子，不少家长总是心急如焚，一味地批评甚至打骂绝对不是好方法，孩子的慢性子并不是天生的，所以我们一定要对症下药，用耐心和爱心帮助孩子逐步改正，不要操之过急，要注意总结方式方法，不断提高孩子的速度，进而帮孩子改掉拖沓的坏习惯。

1. 让孩子明白磨蹭拖拉的害处

父母不妨和孩子谈谈，起床磨蹭晚了会带来的后果，如吃不上饭，饿着肚子会营养不良，不利于身体发育，时间久了还容易患消化系统疾病；由于睡懒觉担心上学迟到，会精神紧张，行为慌乱，易发生事故，而且上课迟到还会被老师批评，同学笑话；学习、做作业拖拉会挤占玩的时间；等等。要结合孩子生活中的实例来使他懂得和体会到磨蹭、做事拖拉的种种坏处，从而产生改变的意向。

2. 让孩子为磨蹭付出代价

很多家长看到孩子磨蹭，一边唠叨抱怨，一边帮助孩子完成一些事情，如整理书包、穿衣服等。家长的这些不忍心，日积月累，使得孩子没有良好的行为习惯。建议让孩子迟到几次，被老师批评几次，让孩子学会自己对自己负责。

3. 帮孩子认识时间的价值

孩子做事磨蹭很大程度上也因为他还没有时间观念，他不知道时间对他来讲意味着什么，因此，培养时间意识对磨蹭的孩子来说是至关重要的。家长要想办法使孩子认识到时间是世界上最宝贵的财富，要想办法让孩子明白珍惜时间就是珍惜生命的道理，可以给孩子讲一些古往今来的成功人士十分珍惜时间的故事，还可以在孩子的卧室里张贴一些名言警句来提醒孩子。另外，与孩子一起讨论磨蹭的害处也必不可少，家长要明确向孩子指出磨蹭是贻害终生的坏习惯，一个做事磨磨蹭蹭的人会白白浪费许多时间，这样的人不仅做事效率不高，而且还会被现代社会所淘汰。

4. 父母的榜样作用

家长的行为对孩子的影响是巨大的，有的父母自己做起事情来经常拖拖拉拉、不讲效率，本来可以很快做完的事情要拖很长的时间，本来应当提前做完的事情也要拖到最后一刻。家长这种做事慢吞吞的行为会潜移默化地影响到孩子，时间长了，孩子也会养成办事拖沓、磨磨蹭蹭的不良习惯。

5. 对孩子多鼓励和表扬

鼓励和表扬是对待孩子最常用也非常有效的方法。当孩子在处理事务磨蹭、拖沓时，切不可批评和责骂，我们应该多鼓励，激起孩子内在的动机，让他们一点一点地"快起来"。只有在赋予孩子更多的自信心和希望的情况下，相信任何奇迹都有可能会发生。

父母要经常对孩子说："你看你做得多快""做得真棒，加油啊""真好，现在用不着老提醒你了"，孩子便会受到正面的外部刺激。孩子为了不让父母失望，下次做事就会有意识地提醒自己快点儿。另外，为了使孩子更有动力，当他做事的速度比以前加快时，或者当他达到了大人的要求时，父母还可以适当地给予一些物质奖励，比如给孩子加一个小红星、带孩子外出游玩、给孩子买他想要的玩具等。用鼓励和奖赏来"催"孩子做事，往往能够收到很好的效果。

6. 与孩子开展速度的比赛

孩子都喜欢比赛游戏，喜欢当第一。父母可以利用孩子的好胜心理，经常与孩子搞一些小比赛，如比赛洗脸、穿衣、收拾玩具，激发他们在比赛中提高做事的速度，这时孩子会很高兴地赶紧把事情做完。